U0594887

电力企业现代化管理研究

邬秀玲 ◎ 著

吉林出版集团股份有限公司
全国百佳图书出版单位

图书在版编目（CIP）数据

电力企业现代化管理研究 / 邬秀玲著. -- 长春：
吉林出版集团股份有限公司, 2023.3
ISBN 978-7-5731-2583-5

Ⅰ.①电… Ⅱ.①邬… Ⅲ.①电力工业－工业企业管
理－研究 Ⅳ.①F407.616

中国国家版本馆CIP数据核字(2023)第060288号

电力企业现代化管理研究

DIANLI QIYE XIANDAIHUA GUANLI YANJIU

著　　者　邬秀玲
出 版 人　吴　强
责任编辑　朱子玉
助理编辑　张晓鹭
开　　本　787 mm × 1092 mm　1/16
印　　张　12
字　　数　240千字
版　　次　2023年3月第1版
印　　次　2023年8月第1次印刷

出　　版　吉林出版集团股份有限公司
发　　行　吉林音像出版社有限责任公司
　　　　　（吉林省长春市南关区福祉大路5788号）

电　　话　0431-81629679
印　　刷　吉林省信诚印刷有限公司

ISBN 978-7-5731-2583-5　　定　　价　68.00元

如发现印装质量问题，影响阅读，请与出版社联系调换。

前　言

　　随着电力工业市场化改革的深化，电力企业必须加强企业管理以提高自身的竞争力。为了在未来激烈的市场竞争中生存并发展壮大，电力企业必须适应建立现代企业制度的需要，转变经营观念，提高管理水平，建设一支高素质的企业管理队伍。

　　电力企业现代管理的内容极为广泛，从企业的人、财、物到产、供、销的各个环节，从生产到生活的各方面，都存在组织管理问题。但从理论上概括，主要是生产力、生产关系和上层建筑三方面的问题。生产力方面主要是研究生产力的合理组织，即研究电力产、供、销全过程的生产力的合理组织，以确保为社会提供充足、可靠、合格、廉价的电力；生产关系方面主要研究如何正确地处理电力企业内部人与人之间的关系，还要研究如何正确处理电力企业内部的分配关系，企业与国家、企业与企业之间的经济关系，并建立和完善管理体制、组织机构、经济责任制等，以充分调动各方面的积极性和创造性，争取获得最大的经济效益；上层建筑方面主要研究如何结合电力企业的实际，贯彻执行党和国家的方针、政策，搞好社会主义精神文明建设，健全规章制度，严格劳动纪律，等等，以便维护社会主义生产关系，促进生产力的发展。

　　为了促进电网建设的快速发展，在电力企业现代管理方面应具有一定的超前意识。企业管理现代化是迎接世界新的技术革命挑战的需要，也是缩小同世界先进水平差距的需要。因此，一定要认清形势，迎接挑战，我们要研究电力市场发展中的新问题，要建立驾驭电力市场发展的新思想、新观念，才能够引导国家电网发展的巨大航船，乘风破浪地前进，赶上和超过世界先进水平。

目　录

第一章　电力企业现代管理概论 ·································· 1

    第一节　现代管理概述 ······································· 1

    第二节　电力企业管理 ······································· 5

    第三节　电力企业管理的基础工作 ······················· 9

    第四节　电力企业管理现代化 ··························· 12

第二章　电力企业战略管理 ·································· 15

    第一节　战略及战略管理的概念 ························· 15

    第二节　电力企业战略环境分析 ························· 21

    第三节　电力企业的发展战略 ··························· 27

    第四节　电力企业的竞争战略 ··························· 33

第三章　电力物资采购管理 ·································· 45

    第一节　电力物资采购管理基础 ························· 45

    第二节　电力物资采购管理方法 ························· 48

    第三节　电力物资采购委托代理机制 ··················· 50

    第四节　物资配送 ··· 56

第四章　电力物资仓储管理 ·································· 59

    第一节　仓储管理的作用 ································· 59

    第二节　仓储管理的基本环节 ··························· 60

    第三节　物资的保管保养 ································· 68

    第四节　仓储管理现代化 ································· 72

    第五节　电力物资库存管理方法 ························· 75

第五章　电力企业人力资源管理 ······················· 81

    第一节　电力企业人力资源管理基础 ··················· 81

第二节　电力企业人员招聘 ···················· 83

第三节　电力企业人员培训 ···················· 91

第四节　电力企业人员激励 ···················· 98

第五节　电力企业绩效考核 ···················· 103

第六章　电力企业财务管理 ···················· 107

第一节　财务管理基础 ························ 107

第二节　筹资管理 ·························· 110

第三节　资产管理 ·························· 121

第四节　投资管理 ·························· 129

第五节　成本费用管理 ························ 138

第六节　利润管理 ·························· 144

第七节　财务分析 ·························· 148

第七章　电力企业应急管理 ···················· 157

第一节　电力生产过程及特点 ···················· 157

第二节　电力突发事件的发生原因及特点 ················ 160

第三节　电力企业应急管理基本原则 ················· 162

第四节　电力企业应急管理基本任务 ················· 163

第八章　电力企业安全文化建设管理 ················ 169

第一节　电力企业安全文化形成过程 ················· 169

第二节　电力企业安全文化建设 ··················· 171

第三节　电力企业安全文化实施 ··················· 177

第四节　电力企业安全文化完善 ··················· 179

参考文献 ····························· 183

第一章　电力企业现代管理概论

第一节　现代管理概述

一、管理的性质

20 世纪 80 年代，中华大地经历了一场极其伟大而深刻的变革。这场伟大而深刻的变革当前正在健康地向深层次发展，变革改变着社会的传统观念，改变着人们的生活方式和思维方法。越来越多的人强烈意识到，中国要强大，管理思想要变，管理体制要变，管理方法也要变。"三分技术，七分管理"，中华经济要腾飞，技术要现代化，管理更要现代化，这已逐渐成为人们的共识，变革已逐渐成为广大人民的自觉行动。

管理是人类社会不可缺少的活动，管理就是根据事物的客观规律，通过计划、组织、控制等职能作用于管理对象，使之适应外部环境，以达到预定目的的人类活动。

管理作为一种特殊的社会功能早已存在，并一直发挥着作用。管理是一种生产劳动，管理的产生是由劳动的社会化引起的。不论哪一种社会生产方式，只要生产过程具有与社会结合的形态，就必须有管理。管理之所以必要，是由共同劳动决定的，凡是有许多人一起进行协作劳动，就必须有管理。协作劳动的规模越大，分工越细，技术越复杂，管理也就越重要。没有管理，就无法保证社会生产正常和有效地进行。管理的好坏直接与生产结果和效益相关，因此，管理是使生产力得以发挥的前提。从这个意义上讲，管理也是生产力。

管理既要对生产力发挥组织作用，又要维护和巩固一定的生产关系。前者是与社会制度没有直接联系的职能，具有管理的自然属性；后者则直接决定生产关系的社会性质，具有管理的社会属性。

企业管理的自然属性，和生产的特征具有直接的关系，同时也是开展社会化生产、组织劳动过程的客观要求。自然属性主要受到生产力的发展水平、劳动的社会化程度影响。因此，有关合理组织生产力的一些先进形式和方法，只要是社会化大生产，一般都能应用。

企业管理的社会属性，取决于社会生产关系的性质，并随生产关系性质的变化而变化。因此，在维护生产关系过程中，使用的各种原则、制度、方法，都是为实现某种目的而存在的，并不为各种生产方式所共有。

企业管理的自然属性，可以在研究企业生产技术和生产力合理组织方面，吸收和借鉴资本主义发达国家的先进经验。明确了企业管理的社会属性，我们就可以划清社会主义企业管理与资本主义企业管理的本质区别，为总结我国企业的管理经验，发挥社会主义制度的优越性，创立具有中国特色的社会主义企业管理体系而努力。

管理实践经验的总结和升华，逐渐形成了一门学科——管理学。企业管理是把自然科学和社会科学中的某些思想、理论、方法等根据管理的需要，将其有机联系而成的一门综合性科学。它横跨社会科学和自然科学两个领域，具有社会科学和自然科学互相渗透的特点。它要求人们按照客观规律，从实际出发，综合运用多种科学知识，去分析和解决复杂的、多因素的经济问题，体现出创造性的管理。由此可见，企业管理不仅具有科学性，还具有艺术性。

二、管理的功能和任务

企业管理的基本职能中，组织生产力、维护生产关系两者之间是相互作用的。在共同作用于电力生产经营的过程中，可以体现出以下几点管理的功能：

（一）计划功能

根据调查的结果，对电力的需要进行全面的预测分析，决定电力企业经营活动开展的目标，制订和选择方案，综合平衡编制长、短期计划和措施，层层分解计划指标，落实到各个部门、各个环节。

（二）组织功能

组织功能，主要体现在企业生产经营过程中，各种要素、各种关系在时间和空间上的组织，形成整体，使之同步运转，有效地进行生产经营活动。

（三）指挥功能

指挥功能，是对企业内人员开展的各种活动进行指导，是保证企业正常生产经营的关键。该功能的主要作用是保证企业快速地实现管理目标。

（四）协调功能

协调功能，是对企业开展的各种经营活动进行组织，彼此之间形成良好的关系，能够进行默契的配合，共同完成计划指标。

（五）控制功能

控制功能，是企业根据制定的目标，对企业在实际生产过程中进行具体问题具体分析，使用必要的手段进行调整，帮助企业更好地完成经营的目标。

企业管理工作的开展，一定要建立在企业内开展各种活动的规律基础之上，要能够对企业内部的所有人员、财产、物品进行管理，保证生产经营活动的开展是正常的、顺利的，满足企业的经济效益追求，满足社会对企业的物质供求需求。

三、现代管理的形成和发展

随着社会协作的不断扩大，分工日益细化、复杂化，不仅生产技术和科学研究在逐步发展，而且组织管理也相应地按层次规律从简单到复杂，由低级向高级阶段发展。从产业革命到现在已有几百年的历史，管理科学的发展大体经历了三个阶段。

（一）传统管理阶段

管理人员凭自己的经验管理，"八仙过海，各显神通"是管理科学的初期形态。这个阶段产生于18世纪下半叶资本主义发展的早期，也就是在手工业阶段。那个阶段整体生产规模比较小，并且整体生产技术的运用较为单一，而市场不断增大，只要能出售产品就可获得高额利润，因此，经营管理未受重视。这个阶段的特点是工人凭自己的经验操作，没有统一的操作规程；资本家凭自己的经验管理，没有统一的管理办法，没有统一的标准和要求，经营效率取决于劳动者操作技能的熟练和努力程度。

（二）科学管理阶段

科学管理阶段的主要特点是注重工作方法的科学化和程序标准化，用科学方法代替以往的经验办法。19世纪末20世纪初，随着资本主义向垄断资本主义过渡，资本主义社会生产力的发展和生产关系起了重大变化，阶级矛盾日益尖锐化，企业规模不断扩大，生产技术更加复杂，生产量增大使市场日趋饱和，竞争日益加剧，所有这些都要求提高企业的管理水平。为了提高生产效率，降低成本，经营管理的重要性开始受到重视。资本家单凭个人的经验已不能有效管理企业，生产工人凭个人的工作技能也不能保证高效率的协作生产，要求将过去积累的管理经验系统化、标准化，以科学的方法代替经验法则，科学管理的理论也由此产生。

（三）现代管理阶段

现代管理是科学管理的继续和发展，其特点是突出了经营决策的作用。

20世纪50年代之后，科学技术飞速发展，产品更新速度加快，贸易资本国际化，生产过剩，消费者的要求变化剧烈，竞争加剧。资本家为求生存，保证本身利益，更需要讲求经营效果。这时，对资本家来说，起决定作用的已不是作业效率，而是决策能力。"科学管理"以解决作业或企业效率为主，而"现代化管理"则以解决经营决策问题为重心。

这一阶段，国外出现了从不同角度研究经营决策问题的两个学派：行为科学派和管理科学派。两个学派的理论科学结合起来形成了现代化管理理论。"行为科学派"从心理学和社会学的角度出发来研究问题，重视人的动机及其产生的行动，在达到决策目标关系上提出"生产不仅受物理的、生理的因素影响，而且受社会的、心理的影响"。认为从人的行为本质中激发出动力才能提高效率，改变个人的态度使企业目标和成员愿望一致，事业才能发展。一句话，"行为科学派"认为影响生产的决定因素可改善人群关系。其理论要点是人的行为由动机决定，动机由需要产生，需要由低级向高级发展，不断满足需要才能不断产生新的动力。他们把人的需要分为生理、安全、归属、尊重、自我实现五种，还提出了需要层次论、激励因素论、X理论、Y理论、Z理论、期望理论、目标理论、行为效果理论、双因素理论、方格理论等。为此，主张在实际工作中采取相应的管理措施，如高工资、高福利、高奖励、满足文化需要、终身雇佣制度（企业不倒闭不解雇，使之产生与企业共存亡的感情）、"年功序列工资制"（工资一半取决于工龄，另一半取决于能力与贡献）。逐年工资增长的多少取决于企业经营管理民主化、资本民主化、合理化建议程度、目标管理、无缺陷管理等。"行为科学派"认为物不过是被动的组成要素，而发挥人的能动性才是办好企业的主要因素。这种理论是资本主义生产力发展的必然结果，是符合客观规律的。

管理科学学派（技术学派）是从生产力要素的合理组织角度去研究问题，着眼于如何正确进行决策，其实质是从"科学管理"发展起来的方法和手段的现代化。它吸收现代化自然科学和技术科学的大量成果，运用运筹学、概率论、数理统计学、控制论、信息论和电子计算机等技术手段对经济问题做出定量分析，为正确决策提供依据。其主要特征是：以科学管理的原理为基础，应用数学方法进行定量分析，应用电子计算机进行模拟和计算。

现代企业发展进入20世纪70年代后，出现了把"技术学派"和"行为科学派"两种理论结合起来的"最新管理"理论，即"系统理论"。管理科学完全进入了系统科学的范畴，并且广泛地用来分析复杂的生产管理系统。系统理论的发展，顺应当代企业发展的需要，从而促进了生产力的大发展，系统理论是现代管理科学的最新成果。

四、现代管理科学的主要分科

现代管理科学的内容十分丰富，其主要分科包括以下几方面：工业工程学、质量控制或全面质量管理、运筹学、预测技术、决策技术、技术经济分析、价值工程、行为科学、目标管理、网络计划技术、系统工程、管理信息系统等。

第二节　电力企业管理

一、电力工业

电力工业在国民经济基础行业中占有重要的位置，属于制造业的一个组成，该行业的应用，主要是生产、销售电能产品，并满足用户的电能需求。

（一）电力工业在国民经济中的作用和地位

社会经济的发展过程中，能源是重要的动力基础。电能在能源中占据重要的位置，同时也是二次能源的优秀代表。电力工业不仅是一种能源工业，同时也是城镇发展的公共事业。电力工业广泛存在于社会生活、国民经济等各方面，同时也是实现社会主义精神文明建设的重要能源。电力工业的发展，对提高社会经济发展水平，加快社会主义现代化建设，提高物质生活水平、精神生活水平，都发挥着重要的作用。

电力工业的发展和国民经济的发展之间，具有紧密的关系。在经济快速发展的过程中，对电力的需求也在不断增大。电力开始在越来越多的领域中发挥着重要的保障作用，电力的消耗量也在不断提高。在世界上的能源构成中，电能是主要的能源之一。因此，电力工业的发展水平决定着国民经济的发展水平。一般情况下，会在某一个固定时间内，将发电量的年平均增长率和国民经济总产值之间的年平均增长率进行对比，两者之间的比值称为电力弹性系数。该系数正常情况下都是大于1的。也再次证明了电力工业的发展速度是超过国民经济发展速度的，被理解为电能超前、电力先行。在过去的很长一段时间内，对电力工业的发展还没有使用超前的规律进行认识，出现了电力供应不足的现象，造成了严重的国民经济损失。因此，在现代化的国家发展过程中，一定要重视电力工业的发展速度，使用超前的电力工业认识重视该行业的发展，并且还可以认为，电力工业的发展速度是衡量国家经济现代化发展水平的一个指标。在电力工业的发展中，国民经济的发展才能更好、更快实现现代化。

（二）电力工业的特征

电力工业的产生，是在现代电力能源转换、传输、分配的基础上，高度集中形成的一种工业。因此，电力工业具有现代工业的共同特征，也具有电力行业的自身特点。电能是一种二次能源，无形无味，不能储存。电力工业的生产、流通、消费之间是紧密相连的。在生产的同时，完成流通和消费。这是电力工业自身独特性的具体体现。电能在生产和消费的过程中，一定要保证在功率上、能量上的平衡关系。因此，电力工业在生产过程中，可以通过采取增加一定数量的备用电量、提高生产能力等措施，保证平衡关系，确保电力企业能够更充足、可靠地为用户提供基本的用电需求。这是电网存在的意义，在电网的统一指挥、调度、管理作用中，满足电力生产的基本要求。

（三）电力工业的性质

电力工业的性质，和其他工业相比，主要表现在电力工业的作用、地位和特征等几方面。电力需求增长速度超过国民经济增长速度的规律，决定着电力工业的发展，具有先行性；电力工业的社会性决定着该行业具有社会公益性；电力工业的独特性决定着电力行业具有供需一体化的性质特点。电力工业在生产过程中，能够将一次能源进行电能的转换，并且直接通过电网的作用，输送、分配、销售给广大的电力用户，这种特点决定了电力工业是传输型的工业行业；电力生产工业技术具有的复杂性、先进性，决定着电力工业属于密集型的行业。这些电力工业的性质特点决定着电力工业还是一种地方专营的行业。电力工业与其他行业相互区别的性质特点，是电力工业发展过程中的客观现象，也是进行现代化的电力行业管理的重要依据。

二、电力企业

（一）电力企业的概念

电力企业是生产经营电能这一重要产品的相对独立的经济实体，是实行自主经营、自负盈亏的社会主义商品生产者和经营者，是具有一定权利和义务的法人。电力企业具有自我改造和自我发展的能力。

电力工业的基本特征决定了电力生产、流通、消费过程是一个不可分割的有机整体，这个有机整体是由发电、输电、变电和配电系统所组成的统一的电力系统。电力系统属于电能转换以及传输和分配销售合为一体的工商合一、具有独立经济实体的电力企业。这就是说，电力企业是按电力系统构成的，管理电力企业就是管理电力系统。电力系统的内部构成本质上就属于电力企业自身的内部构成。

（二）电力企业的构成

电力系统中的各类发电电源系统，输、变、配电系统，构成了电力系统的躯干，称为主系统。此外，为了监控电力系统的安全、可靠和经济运行，还配备有各种保护、监测、控制、远动通信和调度系统，以及相应的生产经营管理系统。电力系统的基本构成包括各类电源、不同电压等级的输电线路、变电所、配电所（站）、配电线路及电力负荷。

1. 发电电源系统

电力系统中的各类发电厂是电能生产转换系统，其功能是按电力系统统一发供电计划，将某种一次能源转换为电能。

2. 输变配电系统

电力系统中的输电、变电和配电系统，是电力输送、变换、供应和分配系统，其功能是将电源生产的电力，可靠地、高效率地送到用电地区并分配给电力用户使用。

3. 用电负荷

电力系统的用电负荷是供电地区全体电力用户的功率总和。在电力企业生产经营管理中，经常用电力负荷曲线描述并研究其变化规律。常用的有：电网的综合负荷曲线——反映电网所有用电负荷一天 24 小时内的变化情况；电网的年最大负荷曲线——描述电网全年各月综合最大负荷的变化情况。

三、电力企业管理

（一）电力企业管理的概念

电力企业管理，是在电力生产经营过程中，严格遵循其自然规律、客观经济规律的基础上，对电力系统及其组成开展的各种管理工作。在管理过程中，通过开展生产经营活动，将电力企业的目标作为追求，满足社会大众对电力各种服务的需求。

电力企业管理在内容上是非常广泛的。不仅需要对企业内部的人、财、物进行管理，还需要对生产、供应、销售等不同的环节进行管理。在理论上，电力企业管理可以理解为是生产力、生产关系、上层建筑三方面的管理问题。从生产力的角度进行理解，需要研究电力在生产、供应、销售等全过程中，生产力的组织，保证能够为社会提供更充足、可靠、安全、便宜的电力资源；从生产关系的角度进行理解，要对电力企业内部的人员之间的关系进行分析，重点处理好国家和企业、企业和企业之间的关系，并完善各种管理的制度，调动各方面的优势，获得最大的经济效益；从上层建筑的角度进行理解，主要是对电力企业要贯彻落实党和国家的各种政策，为社会主义精神文明建设的发展，维护好生产关系，促进生产力的进步；等等。

（二）电力企业管理的特点和内容

现代电力工业是一种高度集中的电能社会化大生产的行业，除了管理社会化大生产的一般规律对电业同样适用外，电力企业管理工作具有自身的行业特点。这些特点的存在，是电力工业发展、电力生产活动的规律，也是电力企业管理工作的重要依据、主要内容。

电力企业管理的特点、内容主要有以下几点：

第一，电力企业管理工作的主要内容表现为电力电量的平衡管理。这主要由于电力在生产、供应和销售的过程中是同步的。电力系统内，能够生产供应的供电功率、供电量需要和用户的需求保持一致，达到平衡，这也是能够确保电力企业管理工作的基础。为保证这个平衡关系，电力企业要在管理工作的开展中，做好用户负荷的预测调研工作、电网的规划工作、电力企业的建设工作、电网的调度工作等等，保证电力系统充足的容量准备。电力企业的生产经营管理，需要将电力、电量之间的平衡作为主要内容，在保障该项平衡的基础上，协调用电计划和用电量之间的平衡，进而制定目标，开展经营活动。电力企业在生产、供应和销售的过程中，还需要重视与电力用户之间的相互依存关系。电力企业可以通过供电管理的工作开展，对发电用户和供电用户之间的关系进行协调，确保电力和电量的平衡，真正发挥出有限电力的作用，产生更大的经济效益和社会价值。

第二，电力发展的先行性决定了电力工业必须超常规发展。经济发展的规模增加，速度提升，就需要不断增加电能在实际能源消耗中所占的比例，形成电力发展速度高于国民经济发展速度的规律。同时，电力不能储存的特点，又决定了发展电力工业的唯一途径是靠增加新的生产能力，即电网要不断发展建设。因此，科学地制定电力开发方针，确定电力超前发展计划，加快电力建设规模和速度，调动各方面的积极性以及广泛集资办电等，也属于电力企业在日常生产经营之中的重要构成，只有首先发展电力行业才能确保具有宏观的经济收益，使电力企业真正做到充足、可靠地供电。

第三，电力生产供应的安全性和可靠性，决定着电力企业在开展管理工作的过程中，一定要重视安全，将安全放在首要位置。电力是保证现代化建设的重要基础，电力企业一旦产生事故，将造成严重的经济损失。电力的安全决定着多个行业的发展，因此，保障电力安全是基础，也是重要的方针政策。电网的可靠性决定着电网对用户的可靠供电水平，这种供电水平建立在对电量生产的定量评价基础上。因此，要保证可靠安全地开展电力企业管理工作，需要重视规划、设计、制造、生产、运行等各方面的工作。只有这样，才能保证向用户供电的可靠性达到较高水平。

第四，电力生产使用的技术以及资金情况，直接会影响到设备技术以及资金和管理工作，而这些都属于电力企业管理工作之中的重要构成，电力企业本质上属于技术与资金密集型企业，其有机构成为 19：1 左右，设备贵重，技术先进，占用资金量特别大。而且，电力超常规发展，必须有更多的高电压、大容量的机组、超高压输电线路投入运行，新的科技成果要推广应用，确保电力企业的有机构成率不断提升。所以，加强技术经济分析，就能有效提升整体投资效果，而通过全新技术的运用，更新设备，加强生产技术管理和设备管理，提高设备利用率已成为影响电力企业经济效益的关键因素。

第五，发电、供电、用电三者之间具有相互依存的关系，决定着电力企业的管理工作开展具有统一性，是一个不能分割的整体。这个特点，决定着电网在开展管理工作的过程中，要高度集中，统一管理。在高度集中的管理工作开展中，能够更好地发挥出电能的作用，确保电网的合理性及电力供应的安全性。在这个过程中，电网管理工作的统一性是在电网的统一调度、指挥中完成的。

第六，电力供应的过程中，还具有地方公益性。电力企业管理工作的开展，要以地方经济建设的发展、人民的用电需求为基础，保证电力企业开展的管理工作有效。同时，在开展电力企业管理工作的过程中，还要争取更多的地方支持、社会关心，保障电力企业的正常运行。

第七，电价的合理性和多样性，决定着需要对电价进行不断的改革。在电力企业管理工作的开展中，还要做好电价的管理工作。要保证在国家的各种政策中，结合发电、供电和用电的特点，让每一个电力用户的权益得到保障，合理公平分担，分用户类别和用电方式来制定出多种电价，同时，还要建立正常的电价调整制度，调节电力供求关系。

第八，发电能源具有较高的效率性，这个特点决定着在进行电力企业管理工作的开展中，要制定合理的电源结构、电力布局，能够保证电力在电网中高效地运行，并且在经济调度的作用中，做好能源的定额管理。通过这种方式，更好地发挥出电力能源的作用，提高电力企业的综合价值。

第三节　电力企业管理的基础工作

一、电力企业管理基础工作的概念及内容

要加速实现企业管理现代化，首先必须强化企业管理的基础工作。电力企业管理的基础工作属于电力工业企业的实际生产经营工作，是为了确保经营目标、管理工作顺利开展所提供的相应资料依据以及基础方式和前提条件之中的重要工作内容。

电力企业管理基础工作的主要内容包括以下五方面：

（一）标准化工作

标准化工作指对技术标准和管理标准的制定、执行和管理工作。它属于针对一些事物所形成的需要达到统一要求且共同遵守的规定，例如，电能的质量标准、工艺流程和操作技术、安全设备维护检修和管理工作之中的相关工作流程以及岗位责任制度等等。

（二）定额工作

定额工作指的是定额的制定、执行及管理工作开展，例如，物资定额、资金定额、劳动定额、管理定额等，定额管理的主要问题是要首先制定出相应科学化的定额，电力企业

日常管理工作开展时使用的定额方式主要有统计分析法、理论计算法和技术测量法等。

（三）计量工作

计量工作指测试、检查、经验分析等方面的计量技术和计量管理工作。

（四）信息工作

信息工作说的是电力企业在日常经营生产过程之中所需要开展的数据资料搜集、处理与分析等相关管理工作，它主要由原始记录、后续分析及技术经济情报等内容构成，信息处理也是确保整体信息系统得以完善建设的关键问题，电力企业对信息处理的实际需求一定要及时、准确、科学、经济。

（五）职工教育

职工教育指对在职工作人员的思想教育和技术业务教育，它对提高人的素质有重要的作用。

以上这五方面内容对科学管理和现代化管理无疑是必要的，但是在现代化的企业管理工作开展中，需要将零星的、孤立的工作发展成一个体系，进行系统化的管理。其中，在这个管理的体系中，主要有两方面的内容。第一，工作体系要标准化。电力企业在开展各种工作的过程中，都要制定严格的标准，并且保证根据标准开展工作，建立良好的秩序，确保现代化管理工作的正常开展。第二，流通体系要信息化。在按照标准开展的各种工作中，还要保证信息的有效流通。信息的流通体现在信息的搜集、传递、处理、储存、反馈等各方面。只有将这两方面的工作有效地结合，才能保证电力企业开展的管理工作是现代化的，是具有管理价值作用的。

二、电力企业管理的基础工作的特点

电力企业管理的基础工作，就其内容来说，涉及面广，工作量大，变化较多，要求严格，它具有以下主要特点：

（一）科学性

电力企业的基础管理工作开展，需要体现出电力企业日常在经营生产过程中的客观规律，并且依照客观规律的情况开展工作。

（二）群众性

电力企业管理基础工作中许多具体工作有较大的群众性，所以，必须依靠各方面管理人员和生产工人来认真制定和执行。

（三）经常性

电力企业的管理工作开展是所有工作流程之中都必不可少的一项工作，也属于电力企业不同管理机构日常工作之中的重要内容。

（四）先行性

电力企业基础管理工作的开展，通常情况下都要在管理工作开始之前进行，为企业后续的各项管理工作提供相应的依据、资料、准则与方式。

（五）变动性

电力企业的管理工作在基础完善建设之后，就要确保整体管理工作的开展，具有稳定性，但是还要跟随时代的发展以及生产技术的进步而产生转变，以满足管理工作的实际需求。

（六）先进性

针对电力企业的相关管理基础工作建设，需要首先制定出相应的标准规范，并且依照合理性原则开展。只有具备先进的标准，才会有先进的管理水平。

电力企业管理的基础工作是电力企业建立正常的生产秩序、组织生产活动的一种手段，也是改善企业整体效益的一种条件。基础工作的开展能够为开展各项专业的管理工作提供数据、信息、资料，是管理人员在管理过程中，按照计划、组织管理、指挥管理，协调管理、控制管理的依据。在基础工作中提供的各种数据、资料，是保证企业开展核算、贯彻分配制度的依据。电力企业的基础工作完成的水平直接决定了企业的管理水平和经济效益。因此，在电力企业的现代化管理工作开展中要做到两点：首先，要重视好基础工作的重要性，要强调基础工作的价值作用；其次，要通过各种手段的使用，保证基础工作开展的价值作用，进而保障电力企业的企业素质不断提升，管理水平更加先进。

第四节　电力企业管理现代化

一、企业管理现代化的概念

在中华民族现代化的建设过程中，企业管理的现代化也是其中一个重要的组成部分。企业开展现代化的管理工作，要结合社会主义的经济发展规律，体现出现代化的生产力发展要求，使用科学的思想、组织、方法和手段，对企业进行生产经营管理活动，使之更加具有先进性，能够实现更好的经济效益。现代化是一个动态化的概念，在电力企业开展的管理工作中，要能够体现出现代化作为管理的追求和目标。在电力企业开展管理工作的过程中，要根据社会经济发展的管理理论、方法，统筹使用各种管理技术、管理的手段，保证开展的管理工作现代化。

企业管理现代化是社会主义现代化建设的重要内容。在建设社会主义现代化的过程中，科学技术非常重要。科学技术作为第一生产力，只有和管理结合起来才能发挥出生产力的作用。因此，在现代管理工作中，要将管理和技术进行现代化的发展，将两者有效结合，加快现代化的发展。企业开展现代化的管理工作，不仅是与世界接轨的重要举措，也是减小与世界先进水平之间差距的重要手段。在现代科技的快速发展过程中，不仅要重视科学技术的现代化，还要重视管理的现代化。只有这样，才能真正地实现社会主义的现代化建设。

二、电力企业管理现代化的内容

电力企业开展现代化的管理，不仅需要重视生产力的组织，还需要调整生产关系。主要表现在以下几方面：

（一）管理思想现代化

管理思想的现代化是现代化管理的核心。现代化企业管理思想涵盖多方面的内容。比如，有重视人才的思想、开展民主管理的思想、现代化经营的思想等等，还比如有质量第一的思想、安全第一的思想等。要想实现管理思想的现代化，一定要注重不断对观念进行更新。在现代电力企业的管理过程中，要建立以下观念：

1.社会化大生产观念

要在思想上认识现代化电力生产的特点，从小规模电厂的管理意识中转变，向更大规模的集中化电网管理观念中发展，建立社会化大生产的观念。

2.市场观念

要在思想上改变传统依靠指令性计划生产的观念，要结合市场发展的规律，建立市场观念，积极地组织开展生产经营，建立发电、供电、管理同等重要的市场观念。

3.投入产出观念

要在思想上建立投入产出的观念，要争取以最少的投入，实现最大的产出，最大化地保证电力企业的综合效益。

4.金融观念

要在思想上建立现代化的金融观念。对传统的电力企业管理过程中形成的依靠国家的金融观念进行改变，站在市场发展、企业发展的角度，依靠社会的力量，通过社会的资金来更好地发展电力企业，提高管理效率。

5.竞争观念

要在思想上建立竞争的观念意识。要改变之前电力企业独家的思想观念，建立竞争的意识，在竞争的过程中促进发展，提高发展。

6.智力开发观念

要在思想上建立智力开发的观念。要能够真正地重视人才的作用，以提高人力资源价值作用为主，提升企业的价值。

除此之外，作为现代化的企业，还要在发展过程中，建立遵纪守法的观念，建立灵活经营的观念，建立对外开放的观念，等等。

（二）管理组织现代化

管理组织现代化，是结合电力企业的实际情况，将企业内部各个部门的职责进行分工，灵活地指挥，并且对组织机构、人员进行合理的安排，建立责任制度，保证生产工作的有序开展，不断提高管理的质量效率，提升电力企业的生产经营水平。

（三）管理方法现代化

管理方法现代化，是对之前的管理经验、管理方法进行总结、集成，然后推广新的管理方法。比如，在管理的过程中，使用目标管理方法、系统的管理方法、全面质量的管理方法、网络计划的技术方法等。这些方法在使用的过程中，还要结合实践，以创造出新的方法，体现出现代化。

（四）管理手段现代化

管理手段现代化，是在管理的过程中，使用的手段现代化，应用的工具现代化。电力企业管理手段的现代化，是指使用控制技术、计算机技术为主组成的管理系统。对控制技术、计算机有计划、有步骤地应用，是实现现代化管理手段的重要内容。

（五）管理人才现代化

管理人才现代化，是指企业领导在开展管理的过程中，要同时具备现代化的思维，使用现代化的方法，组织高效的方法，实现高质量的管理效果。企业领导要真正重视人才的作用，肯在人才的培养中付出时间和金钱。并且在干部的培养过程中，注重增加经济管理干部的培养。

管理人才，是企业现代化发展的主要内容，也是企业现代化的核心。只有在企业内部具有大批的具备知识、经验丰富的现代化管理人才，才能成就现代化的企业管理。

电力企业的现代化管理过程中，要将这五方面的内容进行整合应用，形成一个整体，梳理现代化的电力管理系统和管理观念。现代化的发展，是一个过程，要结合电力企业的特点，并且不断努力，进而形成现代化的电力管理体系。

第二章　电力企业战略管理

第一节　战略及战略管理的概念

一、企业战略的概念

什么是企业战略？在战略管理的发展过程中，不同的管理学家或企业家从不同的认识角度赋予企业战略以不同的内涵。但总的来说可以分为两种观点：一种是广义的企业战略，认为应该包含企业的使命、企业的目标；一种是狭义的企业战略，认为不包含这些内容。

在当前常用的认识中，企业总体的战略被理解为一种决策模式，能够对企业的生产经营目的、追求目标产生决定作用，并且参与到企业的计划制订过程中，对企业业务进行明确，决定企业对内部员工、外部的消费者、社会等各个不同方面群体的经济贡献。

战略，作为一种模式、计划，能够将一个组织，沿着一定的目的、政策、活动等顺序，结合成一个整体。在企业的管理过程中，只有通过制定战略的方式，才能对企业内部的各种变化进行预判，对竞争对手进行全面的分析，并且制订不同的实施方案，保证企业内部各种资源的最大化作用发挥。

以上这两种对战略的认识，都是广义的。

企业战略，可以理解为企业在经营过程中，企业产品和市场之间的联系主线。这条主线决定着企业经营的基本性质。企业制定战略，要建立在企业自身经营性质的基础上。在市场上，不同的企业有不同的经营性质。比如，有的企业形成经营性质，是根据自身经营产品的特点决定的；有的企业形成经营性质，是根据产品的技术决定的。不管是哪一种经营性质，都在企业目前确定的产品市场和企业未来的市场发展之间形成一种内在的关系。这种关系被理解为企业共同的经营主线，也是企业的战略。通过这条主线的作用，能够对企业的经营性质更加明确，同时，也能够对企业的未来发展方向更加明确，在此基础上，完成对企业自身的内部管理。

这种理解是狭义的。

在生产经营过程中，对企业战略的定义是根据不同的场合不同的方式进行不同的改变。人们根据自己的需要，选择使用其中一种对战略的定义。一般情况下，企业的战略需要满足五种规范，即计划、计策、模式、定位和观念，这些构成了企业战略的5P。值得强调的是，这五个定义只是从不同角度对战略加以阐述，企业战略仍只有一个。

（一）战略是一种计划

战略可以理解为一种计划，具有意识性和预见性。战略是一种行动，能够用来解决某种问题。从这个角度对战略进行定义，要凸显出战略的两个本质：一个是企业的战略具有预见性，需要在开展经营活动之前进行制定完成；另一个是企业要具有目的、意识。在实际应用过程中，企业的战略一定是公开的，能够作为一种计划，体现在企业的各种公开文件制度中。在特殊的情况下，企业的战略也是可以针对少数人公开的。

（二）战略是一种计策

战略被理解为一种计策，是在某种特殊的环境中，企业能够通过战略的使用，威胁竞争对手，战胜竞争对手，形成一种无形的力量。比如，企业在经营过程中，面对竞争对手提出扩大生产能力的竞争计划时，可以通过展示自己的战略，对自身生产能力进行公示。通过这种手段，让竞争对手意识到自己的不足，从而放弃扩大生产能力的计划。在这个过程中，战略充分发挥出了威慑竞争对手的力量作用。

（三）战略是一种模式

战略被理解为一种模式，在企业开展经营活动过程中，战略不能仅仅作为一种计划、一种计策，还要形成一种模式，能够对企业的系列活动进行指导。因此，企业战略要体现出模式的作用，能够对企业的系列活动进行展示。企业只要有具体的经营行为，就能够形成战略。因此，企业的战略和企业的经营行为之间是保持同步的。企业经营行为在一定程度上可以理解为企业战略被执行的结果。

在一定程度上，企业战略被理解为计划和模式之间，是相对独立的关系。但是在实际应用过程中，计划并不一定都实施了，但模式也不一定都是按照计划形成的。因此，战略有可能是计划的一种行为结果，也有可能是设计的一种行为结果。因此，战略被理解为一种计划的情况下，是设计的战略；被理解为一种模式的情况下，是实施的战略。根据实际情况不同，选择使用设计的战略，或者实施的战略，也有两者之间准备的战略。

（四）战略是一种定位

战略被理解为一种定位，是组织在不同的环境中所处位置的一种表述。在企业的发展过程中，如何在市场竞争的关系中找准自己的定位是非常关键的。战略在实际上，能够作为企业和市场环境之间的一种联系，将两者之间的需求进行关联，从而更好地保证企业的内部经营，与外部的市场环境之间保持平衡。从管理学的角度进行理解，战略也是将企业的全部资源进行整合，形成产品和市场相适应的"圈子"。

企业战略被理解为一种定位，也在一定角度上解释了竞争的含义。换句话理解，企业在经营过程中，不仅要明确自身在竞争中所处的位置，也要明确竞争对手所处的位置，还要对市场进行特殊的理解，保证竞争对手不能与自己进行更好的对抗。比如，企业在竞争过程中，凭借自身的优势力量，如某种技术、某种专利，对企业参与竞争的市场进行细分，并且保证企业自身的资源能够有效整合，实现企业在竞争过程中以小胜大，以少胜多。

（五）战略是一种观念

战略被理解为一种观念，主要表现为人们对客观世界的认识。比如，在市场中的企业分类，有的企业进取，有的企业保守，有的企业选择创新技术，有的企业选择固守传统。企业的经营者和领导者对客观世界的认识，会决定企业不同的经营发展，并形成不同的发展结果。

企业战略被理解为观念的情况下，更强调战略的抽象概念意义，在需要战略的人的意识中，战略是存在的，否则战略是不存在的。因此，战略是在人们思维的意识中形成的，属于精神层面。战略作为一种观念，最大的区别是和价值观、文化、理想等内容相互为一体的，只能通过组织中成员的期望、成员的行为进行反映。在这个过程中，还要能够反映出组织的意识，通过个人的意识进行组织意识、集体意识的反映。因此，研究组织的战略过程中，一定要对组织中的成员思想进行研究，对成员的行为进行研究，并对成员们共同的行为进行应用。

在从不同角度对战略的定义进行分析的过程中，能够对战略产生更深刻的认识。这五种不同的理解角度在一定程度上是具有内在关联的。大多数的应用中，彼此之间能够形成互补的效果，确保战略更加完善。因此，不能单纯地说哪一种战略的理解更重要，而是都具有特殊性，要整体地理解和应用。例如，日本本田公司曾被当作成功地利用观念型战略定义进入计划，进入某种预想位置的典型例子而广为宣传，使人们了解到本田公司有意识地作为一个低成本的生产厂商，以进攻型方式进入了美国的摩托车市场，打破了美国自己产品的垄断，创造了小型家庭用车市场。实际上，本田公司事先并不是有意识地进入美国市场销售小型家庭摩托车的，不过在该公司的总经理清楚了他们在市场上所处的位置以后，马上制订出相应的计划，深入占领了这一市场。这个例子说明战略的定义和顺序应根据企业自身情况采用，这便是由模式唤起了企业的计划。

二、企业战略的层次

通常情况下，在一些大型企业之中的企业战略，通常可以划分为三个层次，分别是企业的总体经营战略、经营单位战略和职能管理战略。

（一）战略形成层次的原因

企业在发展过程中，制定的目标具有层次性。比如，企业需要有总体的目标，还要有各个阶段的目标、各个经营项目的目标。这些不同的目标之间，形成了企业完整的目标体系。企业在制定战略的过程中，需要将企业整体的目标进行应用，还要对实现这些目标中使用的方法进行应用。对企业在不同的层次、业务中使用目标和方法进行说明。因此，企业总部需要制订企业的总体战略发展规划，各个下属的公司需要制定具体的战略内容，而不同的企业部门，还需要制定不同的职能战略。

从本质上讲，企业的层次不同，对战略的描述亦不同。

（二）总体战略，又称公司战略

总体战略，是企业的战略最高层次。在制定过程中，一定要结合企业的整体发展目标，对企业具体的经营领域、能够使用的各种资源进行整合，确保能够对所有的业务产生支持、协调的效果。因此，总体战略中的内容不仅要有企业经营发展的方向，还要有企业各个单位之间资源的应用；不仅要有企业价值观念的展现，还要有企业文化环境的建设；等等。

在实践的应用过程中，总体的战略侧重于两方面内容的体现：第一，站在统领全局的角度，结合企业外部、内部环境的改变，对企业的经营范围进行规范；第二，对各个部门之间的资源使用进行合理的分配，确保总体战略能够有效地实施。

（三）经营（事业部）战略，又叫竞争战略

经营战略，是各个下属单位、下属公司制定的战略，还被称为竞争战略。是在整体战略的内容条款中，能够发挥出具体指导、管理作用的计划、行动，是为企业整体战略的实施提供具体服务的。这种战略在制定过程中，一定要严格地控制在产品的区域范围内，要对企业的竞争方向进行明确。为此，经营战略的制定，一定要体现出自身的优势，以便在竞争的过程中占据主动。

（四）职能战略，又称职能层战略

职能战略，是各个职能部门制定的各种战略。比如，生产部门制定的生产战略，营销部门制定的营销战略，财务部门制定的财务战略，等等。这种战略的制定一般是短期的规划，是为经营战略、总体战略提供服务的。这种战略的制定能够让职能部门的工作人员更加明确在开展总体战略过程中需要承担的责任和义务，更加清楚如何充分地体现出部门的优势。

以上这三种战略代表着企业战略的层次，三者之间是相互作用的关系。总体战略、经营战略、职能战略三个层级的战略互相联系，高级别的战略决定着低级别战略的发展环境，低级别的战略影响着高级别战略的完成效果。

三、战略管理及战略管理过程

（一）战略管理及特点

1.战略管理的概念

战略管理工作的开展是企业根据自身制定的发展目标，将各种外部环境、内部条件进行整合，组织应用，从而保证能够有效地落实目标。并且在落实目标的过程中，动态地控制整个管理的过程。

2.战略管理的特点

（1）全局性

战略管理具有全局性的特点。战略管理工作的开展，需要通过落实企业的使命、企业的目标、企业的战略进行更好的协调，能保证各个部门开展活动是高效的。在开展评价和控制的工作中，战略管理工作的开展保证各个部门之间的工作能够更好地进行，在完成企业的使命、目标等过程中具体做出了哪些工作，展现出战略管理的综合性和系统性。

（2）战略管理的主体是企业的高层管理人员

战略管理工作开展中，主体是企业的高层人员。即使在整合战略管理工作的开展中，需要不同层次的管理者参与，但高层仍旧是主体。这主要是由于高层身处的位置不同，能够站在统领全局的角度对企业的整体发展进行把握，并且能够在具体控制过程中，对各种战略资源进行配置，保证配置的合理性和科学性。

（3）战略管理涉及企业大量资源的配置问题

战略管理工作的开展过程中，需要对企业大量的资源进行配置。这个配置的过程，需要占有大量的时间，同时需要有充足的资源。因此，为保证战略目标的更好落实，需要对企业内部的各种资源进行合理的分配。

（4）战略管理具有长远性

战略管理还需要具有一定的长远性。能够对企业在未来较长的一段时间内发展方向、发展问题进行规划，进行提前的预测和解决。战略管理的制定，是面向未来的，是建立在所有人员的期望、预测基础上的。另外，企业想要在激烈的市场竞争中占据优势，一定要做出长期的战略规划，并且实施长远性的战略管理。

（5）战略管理需要考虑企业外部环境等诸多因素

战略管理还需要整合各种外界因素。现代化的企业位于开放的环境中，受到外界环境的影响因素很多。并且企业在未来的发展过程中，需要面临更加复杂的竞争环境，企业要想成功，一定要对可能遇到的各种因素进行预判，并且根据外界环境的改变进行战略管理的调整，确保企业的可持续健康发展。

（二）战略管理过程

战略管理工作的开展，是对企业在未来发展过程中的一种方向指引，更是一种动态的管理过程。战略管理过程主要可以从三方面进行展现，即战略分析、战略选择及评价、战略实施控制。在开展战略分析之前，需要对企业的使命、目标进行确定。

1. 战略分析

战略分析，主要体现在对环境的分析评价过程中，需要对现有的环境进行分析，对未来环境的发展进行预测，并且对未来环境的影响进行评估。战略分析不仅需要对外界的环境因素进行分析，还需要对内部的环境因素进行分析，是两者的整合。企业外部环境的分析能够更好地帮助企业确定不同的发展时机；对内部环境的分析是为了更好地展现企业的优势，并且在实施战略的过程中，发挥出自身的价值作用，体现出企业资源的应用效果。

2. 战略选择及评价

战略选择及评价是战略决策的一种体现，也就是对战略的实施进行不断的探索和选择的一种过程。在企业的发展过程中，会在完成目标的过程中制订多种方案。为此，需要对这些方案进行选择、进行评价，从而选择最有效的方案，确保企业更好地发展。

3. 战略实施及控制

战略方案的实施过程中，需要完成战略的实施和控制。战略在具体化的实施过程中，为更好地保证实施的效果，需要对实施的过程进行控制。也就是说，需要将战略实施的效果进行反馈，能够根据反馈的结果制订相对应的计划，并且在发生与原有计划偏差的过程中，及时地进行纠偏。但是在这个过程中，对原有的信息分析不全面的情况下，需要对战略实施的环境进行重新分析，制订新的实施方案，确保新的战略管理效果。

第二节　电力企业战略环境分析

一、宏观环境

宏观环境的含义是一些能够使企业在市场之中受到环境威胁，并且感受市场机遇的社会力量，间接或者直接对企业的战略管理工作产生影响。其主要因素有：政治和法律因素、经济因素、科技因素和社会文化因素。

（一）政治和法律因素

政治和法律因素是一种政治力量，对当前的企业经营活动具有直接或潜在的影响作用。另外，对企业经营活动具有限制作用的法律、法规也属于这种因素的具体内容。表现在实际的应用过程中，政治因素的作用主要是指企业所在地的政治局势以及执政党推行的各种政策。比如，产业发展的政策、税收优惠的政策、政府补贴的政策等。其中，和电力企业战略管理工作相关的因素主要表现为以下几种：

1. 国家电力工业改革的政策方针

突破垄断现状，运用竞争模式，构成发、输、配、售分开的相应工作政策使电力企业的整体发展具有了重大的转变，可以说是革命性的变革。如当前进行的区域电力市场的建设，尽管还处于初期，但已经对发电企业产生了重大影响，同时，对电网经营企业也产生了重大影响。

电力工业对外资开放的政策也将对国内的电力企业产生重大影响。

2. 西部大开发战略和西电东送战略

这两项战略的制定，为电力企业的发展提供了更多的机遇。在西部大开发的过程中，不仅会带动西部地区经济的发展，人民的富裕，同时也能带动西部地区对电力的需求增加，进而能够带动西部电力企业的发展。西电东送的战略发展，为西部电力企业的电力销售提供了便利，在扩大市场的同时，还能带动西部的电力企业不断增加发电量，提高市场的占有率，扩大规模，提高竞争力。

西电东送对东部地区的电力企业同时带来了很大影响，然而对供电企业和发电企业带来的影响是截然不同的。对发电企业来说，在电力供给增多的情况下，也将带来更多的市场竞争，西部电力企业生产出更多低成本的电力资源，将造成发电企业长期受到成本的局限影响；相对供电企业的发展中，由于电力供应的企业增多，竞争环境激烈，可以通过竞价的方式，得到价格更低的电力资源，进一步减少了购买电力资源的成本投入，增大了企业的效益。

政治因素对企业的行为有直接的影响，一般情况下，政府主要是通过法律法规发布形式，对企业的经营活动进行干预和制约。为进一步促进企业的发展，国家会颁发一些环保、卫生、安全等方面的政策，对企业的经营活动进行干预，在电力企业的发展过程中，有电力法、供用电营业规则等法律制度，对电力企业的权益和责任进行规定。

（二）经济因素

经济因素的作用，一般是在国民经济发展的整体影响中，比如，国际上、国内的经济发展走势，企业面临的各种环境压力，等等。在近年来的国家发展战略中，对基础设施的建设力度不断增大，在拉动国内需求的同时，也对国有企业的发展提出了新的要求，要不断地加快企业改革的速度，进一步提高国民经济的增长，保持国家 GDP 的增长，进而保障电力的供应。

在经济发展的过程中，各个产业的创新改革、产业调整，都将进一步增加对电力的需求量。在第三、四产业的快速发展过程中，整体社会发展中对电力的需求逐渐发生改变，从数量向质量进行不断的转换。因此，电力在不断的增长过程中，对供电的安全、稳定、服务提出了更高质量的要求，才能满足当前市场的供电需求。这些因素对电力企业的生产具有直接的影响作用。

电力行业，属于资金密集型的行业类型，在经营过程中，需要使用大量的资金。因此，国家对银行系统的利率政策对电力企业的影响也非常直接，在利率高的情况下，企业筹资的发展中，需要付出更多的资金投入，相对应的利润空间将直接降低；反之，利率较低的情况下，企业能够使用更少的成本筹集到更多的资金，利润也将进一步提高。我国连续几次降息，刺激了证券市场的发展，为企业筹资大开方便之门，电力企业应该积极寻求上市。在消费者生活水平改善的过程中，家用电器的使用数量在不断增多，居民的用电量也随之增加，在这个过程中，电力企业的售电量也将不断增多。相对其他的因素，经济环境的因素作用对电力企业的经营产生的影响作用更直接。

（三）科技因素

科技因素的作用，不仅指以前的各种发明，还指在企业经营过程中创新形成的各种新技术、工艺、材料等，企业在开展战略管理的工作中，要根据这些因素的具体变化，制定不同的战略措施，促进企业更长远健康地发展。

科技因素产生的作用，不仅体现在为企业发展提供更多的机会，同时，也为企业发展带来了新的挑战。其中，在技术的影响作用下，企业的战略选择需要注重以下两方面的内容：第一，各种新技术的出现将对原有的行业发展提出更多新的要求，决定着企业要不断地创新，进行完善，开辟更多的市场，更新更多的业务。比如，在家电技术的不断发展过程中，家用电器的产品类型在不断地更新换代，居民用电的市场在不断扩大，成为拉动电力市场发展的一个重要因素。各种电动车辆的出现，也为电力行业的发展提供了新的市场。电热膜采暖技术的应用，在电力的应用基础上，能够更好地产生保暖效果。这种技术的应用，都为电力企业增加了更大的市场。尤其是在北方的城市中，这些家用电器的使用为北方的电力企业提供了更多的空间。采用电热膜采暖技术，省去了锅炉房及供热管道，每家除卫生间、厨房有自来水和煤气管道外，其他房间均无管道，房间因此显得更加宽敞，电热膜采暖技术升温快，温度便于控制，室内温度丝毫不比锅炉供热逊色。据有关人士介绍，电热膜采暖运行费用大体与燃煤锅炉相当，甚至低于燃煤锅炉费用。第二，在各种技术不断进步的过程中，企业必须使用各种新的生产方法、工艺过程、材料等，才能生产出更多高质量的产品，满足消费者和市场的需求。在这个过程中，产品的生产成本将会有效降低。比如，在电力系统开展自动化技术的应用过程中，对传统电力企业在科学管理、服务水平等方面，提供了更多的便利。电网技术的应用，为传统的电力企业带来新的发展机遇，实现了管理成本的有效降低。比如，在电力企业的发展中，超导技术的应用，能够有效地降低供电的成本，提高电力企业的利润。除此之外，各种新技术的应用，也将为企业的发展带来更多新的挑战。技术的进步和服务的提升是相互作用的，在技术进步发展中，需要进一步提升服务质量，一旦技术和服务之间的平衡关系被打破，将为企业的发展带来更多新的挑战。比如，在太阳能技术的应用过程中，对传统的电力生产造成了一定的冲击，各项节能技术也对电力需求产生不利影响。远距离超高压输电技术使某区域内的优势企业的优势受到另一区域内企业的威胁。各种节能、节电技术的利用，会影响到电力企业的售电量，但同时也会带来相关产业的发展，如当前正在发展中的节能产业。由此可见，技术的发明、技术的进步，不仅对行业的生存发展有直接的影响，同时也会影响到企业正常的生产活动和销售活动。

（四）社会因素

社会因素的影响，主要包含有社会的文化、风俗、道德观念、价值观念、工作态度等内容。社会因素在发生改变的过程中，也将影响到企业开展的战略管理工作，主要体现在对企业生产产品的影响、对企业劳务需要的影响等方面。

在社会因素的影响作用中，社会文化作为一种综合体，对人的思想、态度、价值观等内容都具有重要的影响作用。在文化的影响作用下，人们的购买决策会发生改变，进而影响企业的经营决策。在不同的国家，文化是有所不同的，在主导文化、亚文化等文化的影响作用中，人们的消费习惯会发生改变，从而影响到企业生产的产品。因此，企业在开展管理工作的过程中，需要对社会行为的准则、社会的文化、社会的风俗等各种文化因素进行研究和分析，并加以传承和应用。

在社会影响因素的作用中，人口的统计特征也是其中的一项重要内容。该内容中涉及人口的数量及密度、年龄的结构特点、人口的分布、民族、信仰等各种具体的因素,也涉及家庭的规模、寿命的周期等发展趋势,这些因素都对电力企业的经营活动有直接的影响作用。

除此之外,自然环境的影响因素也是存在的。比如,自然资源、生态环境的影响对企业的发展也具有直接的影响。在电力企业的发展过程中,受到土地、森林、河流等水资源,生物、矿产等能源资源的影响非常广泛。比如,在电厂的建设经营过程中,这些自然因素的使用是必不可少的。除此之外,随着环境保护压力的不断增大,在企业生产经营的过程中,需要更加重视环境保护。电力企业长期以来都属于重点的环保企业,要想得到长久的发展,一定要做好排污工作。这不仅是企业自身发展的需要,也是作为企业的一种社会担当和社会责任。

二、电力行业结构分析

(一)行业结构分析的理论

行业结构分析的理论,主要是对行业在竞争的过程中与其他行业之间的关系进行分析。通过行业结构分析理论工作的开展,能够更好地对企业提出竞争的原则和策略,帮助企业制订更加具有可行性的战略发展规划。

行业内部的竞争,是建立在经济结构的基础之上,并且对竞争者的行为也具有更广泛的影响作用。一个行业内部竞争工作的开展,重点可使用的因素主要有五种:潜在进入者、替代品的威胁、买方的讨价还价能力、供应方的讨价还价能力,以及现有竞争者之间的竞争。将这些因素进行综合应用,能够对企业最终的利润产生影响,并决定着利润潜力。利润潜力,是需要通过长期的投资进行回报的,并不是所有的企业都具有利润潜力,也不是所有的企业利润潜力都是相应的。在这些因素的作用下,不同行业的利润潜力发生改变,最终获得更多的效益。行业竞争在不断激化的过程中,投资的收益也将不断地减少,可能一直达到最低的水平。在投资收益长时间都不高的情况下,投资者的热情将受到打击,会转而投资其他行业,对当前的企业正常经营产生影响。反之,投资者的热情增加,会增加投资,有利于企业的经营发展。因此,在行业的竞争过程中,综合的竞争关系还是与资本的流入有直接的关系,这也是保证企业效益的重要因素。

(二)电力行业竞争结构分析

在电力工业不断改革发展过程中,原有的发电、输送、配电等经营模式也发生了改变。国家电力进行了拆分,形成了新的竞争格局。比如,在输配电的过程中,国家电网、南方电网等公司在自己所管理的区域内,结合不同的政策制定了不同的战略管理措施,呈现出一些新的竞争结构特点。具体表现在以下几方面:

1. 现有竞争者

现有竞争者，主要体现在对发电市场的竞争中。在发电市场行情中，各种不同的发电企业共同组成了竞争的主体，彼此之间竞争的方式是竞价，归根结底，竞争的手段主要体现在价格的竞争过程中。然而由于发电企业的类型，如新老电厂、大小机组、产权结构等的不同，在制定竞价规则时又不是完全的价格竞争，如试点省市的情况。尽管如此，其竞争优势主要来源于成本。

发电市场竞争者之间竞争的激烈程度取决于以下几点：

（1）发电企业的数量及势均力敌的发电企业

电力工业改革后，成立了五大发电集团公司，在成立之初，这五大发电集团公司从装机容量、市场份额及人员等方面都实力相当，必然会出现激烈的竞争。伴随着我国电力供需关系的缓和，发电企业的竞争将会越来越激烈，各企业为争夺发电指标，为占有更大的市场份额而进行竞争。

（2）电力需求增长速度

在电力需求增长较快的时期，电力企业的竞争将不会激烈，因为快速增长的需求能够满足电力企业快速发展的需要。相反，当需求增长趋缓甚至下降时，电力企业的竞争将会非常激烈。

（3）发电企业非常高的固定成本，导致竞价上网的竞争非常激烈

电源建设成本高，为了降低单位电量成本，只能通过多发电，提高机组的发电小时数。而由于电力产品的特点，峰谷差的存在，使得发电企业又必须保留一定的备用容量，随着峰谷差的加大，备用容量也越来越大。这些都必然使发电市场在高峰以外的时段竞争更加激烈。

（4）发电企业类型的不同，使竞争加剧

发电企业类型的不同导致采用的战略、目标及组织形式的不同，使竞争加剧。如小火电、小水电、新机组、老机组等不同时期、不同背景下建立的电厂，由于其还贷要求、投资者的不同、组织形式的不同，导致它们有着不同的战略目标，采用不同的战略，使得竞争更加激烈。

（5）退出障碍

电力行业和其他的行业具有相同性，比如，在退出障碍方面。电力企业在人员的安置、地区的经济、政府的限制作用中，在自身的专业化技术、专门化资产作用中，不能随意地退出。

2. 潜在进入者的威胁

随着电力市场的开放发展，电力企业存在着潜在进入者的直接威胁，主要表现在以下两方面：

第一，规模经济。当前的电力企业都是在长时间的发展中形成的，具有一定的规模，这种规模有纵向的，有联合的，如现在的发、输、配、售一体化经营的规模。

新的加入者要想顺利地加入，需要跨越更多的障碍。即使在不断改革的作用下，原有的纵向一体化发展模式正在不断发生改变，但是原有的这些电力企业之间形成的各种联系在短时间内并不能消除。比如，在当前的电力企业中，开展的经营业务是广泛的，业务在共享的应用过程中，不管是技术，还是资源，都形成了一种隐性的关联规模。新的加入者很难轻易地跨越这些障碍，和原有的供应商、原有的企业之间形成新的默契。在发、输、配、售分离后，电力企业的规模虽会减小，但仍具有一定规模，如目前认识比较统一的发电公司组织形式是在现有发电企业的基础上，捆绑组建具有一定竞争力的独立发电公司。

第二，当前的电力企业在长时间的发展中，已经在广大消费者心目中建立了一定的声誉，产品的可靠性让用户产生了一定的依赖。新的加入者要想跨越这种障碍，需要付出更多的时间和代价，在用户心目中建立新的形象，产生新的依赖，并不是短时间内能够完成的。

3. 电力产品的替代品

当前能够替代电力产品的能源主要有天然气、煤气、液化气等这些种类。这些种类的能源和电力产品进行竞争的主要领域体现在居民生活中。在今后的发展中，还将在城市的供热等方面产生新的竞争。伴随着我国西部大开发、西气东输战略的实施，电力产品在价格、性能等方面的使用相比之前将产生更大的竞争压力。比如，在价格和性能的领域中，电力的优势突出，但是在居民生活的能源使用过程中，电力的使用只占据了一小部分。这主要是由于长期的用电政策、电网瓶颈等因素的影响。在这个过程中，电力企业要想办法和各种替代的能源之间进行不断的竞争，否则很有可能会让更多的替代产品占领这个市场，造成电力企业的损失。

4. 购买者讨价还价能力分析

在发电企业的发展中，购买者具备讨价还价的能力，也是对发电企业构成竞争威胁的一个重要因素。

在当前的供电企业中，大多数都是靠垄断经营的，购买者不具备讨价还价的机会。但是在电力工业改革的过程中，对这一现状进行了重点强调。在同一个区域中设置了两个以上的供电企业，购买者开始具备了讨价还价的机会，并且讨价还价的能力还在不断提升。用电量较多的用户，具备和发电企业直接签订合同的能力，在合作过程中，这些大用户的讨价还价能力进一步提升。发电企业、供电企业对用电大户的竞争也在不断激化，随着电厂、电网的分开，这些竞争还将进一步激化。另外，大用户还可以通过自身建设发电厂的发生，参与到竞争中，进一步提升讨价还价能力。

再如，几个用电大户联合起来，得到了政府的保护，这些用电大户还将具备更高的讨价还价能力。相对这些用电大户，普通的居民讨价还价的能力更弱一些。但是在普通居民的正常生活过程中，做饭、洗浴存在着更多的替代产品，所以，居民也具备讨价还价的能力。因此，电力企业要对这些具体的问题进行全面的分析，找准自身的优势，只有发挥优势，才能在能源市场的竞争中取胜，争取更大的经济效益。

5. 供应者讨价还价能力分析

在电力企业的发电过程中，燃料供应商的作用非常重要。只有在保证燃料的稳定、价格优势过程中，才能保证发电企业的利润空间，安全发展。

对供电企业来讲，发电企业较多的情况下，发电企业讨价还价的能力将不断降低。但是随着联网改革的实施，发电企业可以面向全国市场进行电力的供应。在这种情况下，发电企业具备了更高水平的讨价还价能力。总之，在联网的改革过程中，随着联网范围的不断扩大，发电市场的规模也将进一步扩大，电力企业在对竞争对手进行分析的过程中，难度也将进一步提升。

发电企业在经营过程中，对能够直接向用户进行供电的一体化战略实施之后，发电企业能够更多地和供电企业讨价还价。但是如果发电企业过分地依赖燃料的供应，则会在讨价还价的过程中，降低主动性。比如，在以煤炭为主的发电企业生产经营过程中，主要的燃料是煤炭，对其他能源的使用较少，这种情况下，发电企业对煤炭企业的依赖性很强，不具备讨价还价的能力。但是在西气东输的战略中，天然气的使用为发电企业带来天然气能源的应用，可以有效地应对煤炭资源的竞争，也可以缓解对能源的单一依赖性，进而促进发电企业和能源供应企业之间实现双赢的发展效果。

第三节　电力企业的发展战略

一、密集型发展战略

密集型发展战略的含义是：企业针对已有的产品与市场具有的自身潜力，并且要发挥出自身存在的潜力，从而促进自我发展的整体战略。对电力企业来说，其具体形式有市场渗透和市场开发。

（一）市场渗透

企业将之前在市场中积累的各种优势，通过使用广告宣传、推销的方式，在服务的区域中增加服务网点，通过多种渠道，将产品输送到市场中，能够有效地提升当前市场上对该企业生产产品的销售情况，也能够让更多的消费者选择购买该产品。这种方法的应用，能够吸引更多竞争者的潜在客户，让这些客户购买产品；通过各种办法的实施，将产品卖给潜在的消费者。

就电力企业而言，产品是电能，市场渗透手段有五方面：一是提高电能质量；二是搞好城网、农网改造，为电力市场的开拓和发展做好基础工作；三是合理布局客户服务中心；四是推行优惠电价政策（如峰谷电价、超用优惠电价等）；五是大力宣传，做广告，树立电力产品优质能源的形象。"千辛万苦、千言万语、千方百计"的"三千"，正是市场渗透战略的生动写照。

市场渗透，可能给企业带来增加市场份额的机会。然而采取市场渗透战略的难易程度取决于市场的特点和竞争者的地位。

当国家经济全面增长或某个区域经济增长，市场整体的情况都在增长，一些新进入市场的企业能够更容易地获得市场份额。这主要是由于当前的大多数企业在不断提升销售水平，刺激着整体的市场在不断进步发展。

与之相对应的是，在相对稳定的市场形势中，要想获得进一步的市场渗透，具有更大的难度。根据经验曲线的理论现实，在相对成熟的市场中，市场中的领先者具备更完善的成本结构，能够有效地预防新进者的侵入。但是在市场领先者出现自满的情况下，也会造成少量的新进者占领少量的市场份额，或者少量的市场份额能够被新进者在某个细分的市场中占领，甚至是超过原有的市场之前建立的社会声望。新进者通过从细分市场的入侵，进而渗透到更多的领域中。或者在渗透的过程中，也可以通过与其他行业的合作来完成。

电力企业是资金、技术、人才密集型企业，进入资本市场本身难度较大，合作、合资应是一个较好的选择。

在下降的市场环境之中，市场渗透的可能性会直接影响其余公司能否退出市场，如果其余公司退出市场，则针对某一个公司提升自身的市场占有率具有更加有利的条件。

（二）市场开发

企业在当前的市场中进行经营发展，可以通过向新的地区扩展，或者设置新的网点、新的销售渠道、新的广告推销等方式，扩大现有产品的销售情况。但是，在企业进入新市场的情况下，一定要注重产品的质量安全。尤其是在进入新的细分市场过程中，要对产品的实际使用功能进行具体化的展示。一般情况下，市场在进行开发的过程中，要同步进行产品的开发，只有将两者真正地结合起来，才能对现有的市场进行新产品的增加，才有可能开发出更多的新产品或者新的功能，展示新的特点。

在资本密集型的行业发展过程中，企业的资产是为产品和技术提供保障的，一般情况下不能用于其他产品的研发。在这种特点的局限中，企业的核心产品实力主要是来自对原有市场潜力的不断开发，并不需要进行新市场的侵入。

电力行业是资本的密集型和技术的密集型产业。一是要挖掘电能的巨大潜力，在天然气、地热等能源挤占电力市场的今天，开发电能的新用途显得尤为重要，需求的管理应真正纳入我们的市场开拓战略之中；二是在技术条件允许的条件下，搞好电网、电源的建设和合理布局，注意开拓农村这一长远的用电市场；三是提高营销技术和管理水平，建立科学完善的电力营销管理体系，分工协作明确，管理方式科学，千方百计让客户早用电，用好电。

出口也是市场开发的一种方法。一般来讲，制造销售以及营销等各个经营行业，如果在海外运转就能促进国际化发展，而并不是通过出口来开发市场，这主要是由于防御性，因为在重要的海外市场，出口会引起关税壁垒和进口控制等。当前，世界经济一体化极大地影响着世界电力工业的变化。市场开放成为一大趋势。国际电力投资业务正在世界上各大企业兴起。

二、纵向一体化战略

纵向一体化战略的含义是：企业在可能具有的整体方向上，对现阶段的经营工作业务进行拓展的一种发展战略，它主要由后向一体化战略与前向一体化战略构成。

（一）后向一体化战略

后向一体化战略指的是企业自身能够供应生产的相关商品与服务需要的一些原料或者半成品，例如，电力企业在日常经营中需要满足自身生产所需要使用的各种电气设备、设施和材料；过去用的燃料煤是从煤矿公司购买的，现在决定自己开采煤矿，包括运输，均由自己经营。这些都属于后向一体化战略。登封电厂集团通过收购煤矿，实现了后向一体化战略，保证了煤的供应，使发电业务能够发展壮大。伊敏煤电公司自己供应发电用煤，在煤炭价格上涨的情况下控制了成本的上升。

（二）前向一体化战略

前向一体化战略的含义是：依照于和公司输出相关的活动进行延伸，也就是让企业自主对企业所生产的商品进行二次加工，或者对资源开展综合使用，使企业能够构建出一个完善的销售组织来，对企业内部的商品以及服务进行销售的战略。登封电厂集团通过自建磨料厂、铝厂等解决卖电难题，实现了前向一体化战略，使企业获得了很好的发展。国家开放发电企业向大用户直供电的方式，又为发电企业实施前向一体化战略创造了有利条件。

（三）电力企业纵向一体化战略的利弊

纵向一体化战略有以下益处：

第一，后向一体化战略的实施，能够让企业对原材料的成本、原材料的获得、原材料的质量享有更大的控制权利，保证企业生产对原材料的供应。同时，也能提高潜在进入者的进入障碍。如煤电一体化战略，使登封电厂集团、伊敏煤电公司等在煤炭供应紧张时期，在煤炭供应、控制燃料成本和质量等方面得到了保障。同样在电源建设和电网建设高潮中，自己生产、供应所需的设备、设施和各种材料，控制了这些物资的价格上涨幅度，并使质量、可获得性得到了保障。

第二，后向一体化的战略实施，企业能够将煤炭等供应燃料、设备等成本的提高进一步向利润的方向转化。

第三，前向一体化战略的实施，能够让企业掌握更多的销售渠道和分配渠道，这种情况下将更好地减少企业的库存。在发电企业的经营过程中，通过向大用户直接供电，或者让大用户独立经营用电的情况，减少企业内的电力消耗现象，有效解决电力销售的问题。

第四，在产品或者服务的毛利润增加的情况下，通过前向一体化的战略实施，能够保证企业的利润不断提高。

第五，使用纵向一体化战略，在全国的市场中建立统一的营销组织机构，大规模的生产企业能够获得规模经济的效益。

第六，企业能够通过使用前向一体化、后向一体化的战略，在特定的市场中，或者行业中，扩大规模，发挥出垄断的效果。

与纵向一体化战略实施的优势相比，也存在一定的风险：

纵向一体化的实施过程中，企业的规模不断扩大，企业不能轻易地从该行业中摆脱出来。另外，在大规模的经营过程中，企业的效益要想有效地提升，一定要进行大量的投资，并且增加新的业务。

在纵向规模扩大的情况下，需要增加更多的投资，同时需要企业掌握更多的技术，为管理工作的开展增加了难度。

在纵向一体化的发展过程中，企业在向前、向后的发展过程中，形成的牵制更多，不利于进行新产品、新技术的研发工作。

纵向一体化的实施过程中，生产过程可能存在生产力不平衡的现象。在生产阶段中，很有可能会由于批量生产、能力不足的现象，造成能力过剩、能力欠佳问题的发生。

这一点在电力行业表现就比较突出，电力工业采用的一直是发、输、配、售纵向一体化经营，由于长期缺电局面的存在，形成了发、输、配、售各阶段的不平衡发展。

三、多种经营战略

多种经营战略也被我们叫作多角化战略以及多样化战略，是依照专业化战略所创办的全新战略模式，也属于企业在新的商品开拓市场之间形成的战略，属于企业增加全新商品种类以及提高市场占比的战略，这属于一种产品市场的战略企业，为了能够促进战略实施谋求稳定的发展，就需要运用这一战略，有效提高企业整体的经营实力，提高企业对外部环境的应变能力，追求最大的经济效益。

（一）多种经营战略的类型

依照现阶段所拥有的经营业务行业，以及今后可能开展的经营业务行业之间的关联度，将多角化战略划分为四方面：

1. 横向多角化战略

这是指以企业现有的产品/市场为中心，向水平方向扩展经营业务领域的多角化战略。

2. 纵向多角化战略，又称垂直多角化战略

企业在现有的产品基础上与市场基础上，能够通过纵向的扩大业务范围，实现多角化战略。

3. 多向多角化战略

企业在开发和现有市场、现有的产品相关的市场、产品过程中，通过使用和之前完全不同的市场、产品进行业务的扩大，实现多角化战略。

4. 复合式多角化战略

企业在进行经营业务开发的过程中，开发的是和当前的业务毫不相关的新业务，在市场中形成新的成长机会，并实现复合式的多角化发展。

（二）采用多种经营战略的原因

1. 外部因素

（1）产品需求趋向停滞

在企业之前的产品快到使用周期的末期，原有的产品受到之前各种因素的影响，出现了不能继续使用的现象，不能满足企业的发展要求，这种情况下，企业一定要及时地寻找新的产品和市场，并借助于使用多角化的战略完成新市场、新产品的开发。

（2）市场的集中程度

市场的集中程度相对较高的情况下，产品将会由少数的卖方企业进行控制。这种情况下，企业想要实现突破，占领更多的市场，一般会使用价格战的方式，对竞争对手的市场占有率进行挑战。但是这种方式的使用将为自身的企业发展带来更多的风险。因此，在这种情况下，企业想要实现更好的经济效益，只能通过对原有的产品进行不断更新，对原有的市场进行不断开发。

（3）需求不确定性

假设原本的商品需求具有一些不稳定性，那么企业为了能够使风险更加分散，就需要开发其他的商品。

2. 内部因素

（1）纠正企业目标差距

在企业实际完成的生产任务、销售任务超过既定的目标时，一般会通过使用多角化的经营战略进行及时的补充，并最终实现预期的效果。

（2）挖掘企业内部资源潜力

企业在开展经营活动的过程中，需要将各种资源进行充分的应用，一般情况下，企业能够使用的资源是有限的，造成大量的资源闲置现象。在这种情况下，需要企业使用多角化的战略措施，对闲置的资源进行应用，从而达到实现经济效益提升的效果。

（3）实现企业规模经济

企业要想获得更大的规模经济效益，一定要对现有的产品要素、职能要素进行最低成本的分析。在规模经济的建设发展过程中，影响的因素主要体现在特殊的设备、特殊的技术、特殊的服务、特殊的信息等。

（4）实现范围经济

企业在生产经营的过程中，能够使用和生产环节、产品没有关系的因素，实现最少费用的获取，并达到最佳的使用效果。这种情况下，会造成企业范围经济的有效实现。一般情况下，企业范围经济的要素主要体现在设备、技术、服务、信息等几方面。在进行范围经济的开发过程中，企业可以通过使用两个经营单位、多个经营单位的方法，进行不同资源的开发，减少投资，减少成本，实现效益的提高。

（5）转移竞争能力

企业可以通过使用转移竞争能力的方式方法，在多角化战略的应用中，将企业现在存在的竞争压力进行转移，在业务竞争的过程中，开发出新的竞争关系，进行竞争能力的转移提升。

（6）企业重建

企业在获取更高价值的过程中，对效率不高、经营不善的企业，都需要进行重建。在重建的过程中，不要局限于企业是否属于一个产业，要从整体效益最大化的角度进行重建，可以实现多种经营的重建效果。

第四节 电力企业的竞争战略

一、成本领先战略

企业做好内部的成本领先战略，从产品研发到后续的生产、销售和服务等各个环节中严格控制成本，尽可能在保证质量的前提下，将成本降到最低，这样也能成为行业中的成本领先者。在如今市场激烈竞争的背景下，成本较低，往往其利润较高，也能占据绝对的竞争优势。

（一）成本领先战略的优点

成本领先战略的优点主要表现在其与五种竞争力量的竞争当中。

1. 对潜在的进入者形成进入障碍

成本是形成行业进入障碍的重要因素。采用成本领先战略的企业通常为了降低成本，而形成了较大的生产规模，新加入者必须以较大的规模进入，必然会面临巨大的风险；而经验曲线形成的成本优势同样使新加入者望而却步。因此，采用成本领先战略可以形成强大的进入障碍。

2. 增强与供应商和购买者讨价还价的能力

低成本使得企业在与供应商的讨价还价中具有较大的灵活性，当供应商涨价超过行业中成本优势居于其次的竞争对手所能承受的价格时，成本领先的企业具有较大的讨价还价能力。同样，在同买方的竞争中，当买方把价格压到成本居于其次的竞争对手所能承受的价格时，成本领先的企业就具有了较高的讨价还价能力。

3. 降低替代品的威胁

成本低的企业，在同替代品的竞争中可以以性能价格比的优势提高竞争地位，从而降低替代品的威胁。如电价的降低可以促进在居民生活及商业用能中电能的消费比重，降低煤、油、气对电力的竞争威胁。

4.在同行业中保持领先地位

成本低的企业在与同行业竞争者的价格竞争中处于有利位置，当行业中其他企业已没有利润时，企业的成本低，那么即使选择价格竞争，企业仍然有利润存在，不至于亏本。目前，结合发电市场的实际状况来看，竞争上网使得成本低的企业优势极为突出，成本领先战略将成为发电市场竞争战略的最基本战略。

（二）实施成本领先战略须具备的条件

成本领先战略的运用需要首先降低成本，而与其相关的两个理论分别是经济效益和规模效益。因此，采用成本领先战略的企业必须有较高的市场占有率和易于形成规模与经验积累的产品。它要求企业具有以下条件：

第一，要在进行产品设计的过程中，尽可能地形成系列，能够更好地进行制造、维护。同时，这些产品还能够为企业主要的用户提供集团服务。

第二，要加大对现代化设备的不断投资，尽可能地使用较少的价格完成定价策略。在一段时间内，可能使用这种策略并不能完成效益的提升，甚至还将存在亏损，但是从长远的角度进行分析，将能够帮助企业获得更多的利润。

第三，企业在进行收益提升的过程中，要尽可能地控制成本，实现低成本的经营效果。企业为保证低成本的发展，继续扩大规模，改进设备，购买新设备，形成更低的成本、更高的市场占有率，从而取得更高的收益，形成一个良性循环。

第四，良好的经验曲线。企业在生产工艺、研究开发、产品开发、销售方面降低支出，形成良好的经验曲线。

第五，建立起有效的成本控制系统，对企业采取的降低成本的措施进行控制。

（三）成本领先战略的风险

第一，在成本领先战略实施过程中，生产技术在发生变化，新技术在发生改变的情况下，都会造成原有的设备投资、经验发生改变，甚至变成没有实用价值的资源。

第二，在同一个行业中，一些新的加入者，一般会使用更先进的设备，拥有更低廉的成本，对原有的行业结构进行冲击，造成原有行业中领先的企业逐渐丧失其领先地位。

第三，在进行成本领先战略的应用过程中，将更多的力量集中在成本的控制过程中，造成不能对市场进行更客观的分析，不能对消费者的需求变化及时掌握，在成本控制到一定程度的情况下，还将出现消费者不接受新产品的现象。

第四，受到经济发展中各种因素的影响，在通货膨胀的作用下，成本不断提高的情况下，成本控制的优势并不能完全显现，将造成与其他企业竞争的过程中，存在竞争不适宜的现象。

（四）电力企业成本领先战略的优势

成本领先战略在电力企业的应用过程中，能够帮助电力企业获得更高的收益，并且保证企业的利润受到一定的保护。成本领先战略在被对手使用的情况下，能够通过更强大的操作，和买方进行对抗的方式，进一步保证对价格的稳定控制、对市场的有效保护、对市场的抵抗等。

1. 具有很强的可操作性

为了使企业成本低于竞争对手，以市场竞争中的目标价格倒逼成本，对各生产环节实行"成本否决"、层层分解、层层落实的经验。

将构成成本的诸要素化为具体指标，进行层层分解，落实到每个员工，激励员工的责任心及荣誉感，就能形成"人人围着成本转，企业围着市场转"的局面。可以说，成本领先战略具有很强的可操作性。

2. 具有很强的与买方谈判的伸缩性

市场竞争从某种意义上说是非常残酷的。发电企业的竞价上网是由计算机按报价筛选确定的，而若干电力输出省电力公司向某一特定负荷区售电则要通过谈判，签订购、售电合同。这时，买方总想以尽可能低的价格购电。当买方所给的价格已使成本较高的省电力公司无利可图时，成本较低电力公司仍可在价格上进行回旋，最后以买方可接受的价格成交，卖方舍去的是部分利润，得到的是市场份额。

3. 对抗上游产品价格波动的稳定性

燃料、检修材料及配件是电力生产企业的重要上游产品，其价格波动是难免的。当燃料价格有较大提高时，由于现阶段电力售价是政府管制价格，政府会根据各网辖区内的售电价做相应调整，但往往不会足额调整，部分要求各省电力公司进一步内部挖潜，降低成本，保证已有利润，否则就要用原有利润中的部分来弥补上游产品价格上涨留下的价格缺口。无疑，成本越低，对抗上游产品价格波动的稳定性越强。

对向省外售电的省电力公司而言，上游产品价格上涨会带来更大的风险，因为在购售电合同有效期内上游产品的涨价不可能立即通过修改合同来弥补。省电力公司成本越低，抗风险能力越强，这是不言而喻的。

4. 对市场占有份额的保护性

向外省购电的负荷区，由于自身供求关系的变化，常会减少次年（或次季）的购电数量。这时，成本较低的省电力公司无疑会进一步降低售价而保全自己的原有销售量，将无法承受低价格的竞争对手挤出市场。

在发电企业的竞价上网中也会遇到同样的情况。由于气候、经济及国际大环境的影响而使电网负荷萎缩时，发电企业同样要进一步降低报价以保全自己的市场份额。在这种情况下，只有那些成本有承受能力的企业不至于压负荷或停机。

（五）电力企业实现成本领先战略的措施

电力企业总成本由基建成本、生产成本、融资成本三大块构成，要实现成本领先战略，必须"三本"齐抓。

1. 降低基建成本

电力建设工程的基建造价关系到投产后的折旧费用高低，也关系到贷款额度的还款利息，投产后这些利息将以财务费用的形式计入生产成本。可以说降低基建成本是降低生产成本的源头。

降低基建成本，要采取下列措施：

（1）优化设计方案

设计方案一旦出现问题，对之后的施工具有重要的影响，设计方案的优化是保证施工质量、降低施工成本的首要工作。根据工程项目的要求，需要聘请专家对施工设计方案进行全方位的论证与评价。在此过程中，尽量不要受到其他因素的干扰，只从项目的质量和成本等方面入手。

（2）践行招投标制

在设备采购阶段践行招投标制，使得各个相关单位公平竞争，从设计到施工再到一些材料的供应厂家都会为了中标，选择提质增效、降低报价的方式，期望中标。这里要强调的是"认真"，即提高招投标工作的透明度，严格按法定程序办事，防止暗箱操作，杜绝不正之风。否则，招投标就会流于形式，成本上升，并造成恶劣的社会影响。

（3）执行工程监理制

根据国家要求，执行工程监理制，基建工程严格按照相关规定建设，正式投入使用。借助监理手段，保证工程质量，才能顺利实现达标投产。这些看起来与降低工程成本没有直接关系，但它却减少了工程移交生产后的"填平补齐"开支，防止基建成本虚降而投产后生产单位却需二次大量投入的现象发生，这实质上也是降低工程造价的重要措施。

2. 降低生产成本

如果说降低基建成本是降低电力生产成本的源头，那么，降低电力生产成本则是降低电力总成本的主体。要降低电力生产成本，应采取下列措施：

第一，逐步以大容量、高参数机组及超高压输电代替小机组、低电压输电，实现规模化经济。30万千瓦以上容量的机组，煤耗低、厂用电率低、劳动生产率高，对环境污染的防治手段齐备；超高压输电容量大、线损率低。无疑，这是降低生产成本的主要途径。

第二，提高自动化水平，提高劳动生产率。提高自动化水平，实现水电站及变电所的无人值守；提高火电厂的集控水平，减少燃运及机、炉、电的现场值守人员；以电话和网上报装取代部分柜台报装；以音频自动抄录用户电能表或按单元、楼宇集中抄表取代抄表员逐户抄表；等等。这些措施无疑将减人增效，提高劳动生产率，降低生产成本。但是，它也将相应增加科研及新装备的资金投入。

第三，对费用的支出现象进行有效的控制。管理费用是电力生产成本中最重要的内容。各个供电单位一般会使用定额的方式或者承包的方式，对成本进行控制。但是在对大额资本进行支出的过程中，需要通过资金管理人员的集体商议，通过商议的方式保证资金使用的安全。

第四，要通过对电力销售的有效控制，防止出现跑电、冒电、滴电、漏电。电力销售的过程，一般是电力企业生产经营的最后一个环节，在销售的过程中，如果出现电量流失的现象，将造成之前工作的付出毫无意义。因此，在该项工作的开展中，一定要加强对各个参与人员的有效考核，保证电量的准确抄取，减少各种设备的损失造成的电量损失现象，要加强检查力度，提高人员的素质水平，减少电量的损失现象，确保电量的安全使用。

3.降低融资成本

对电力企业而言，融资是企业扩大生产规模的重要方式，也是基建的资金获取渠道。随着我国金融体制改革的深入，银行已开始了商业化运营。我国加入WTO后，还将有更多的外资银行进入我国的金融市场。电力企业为了在融资中占据绝对优势，一般对合作伙伴会谨慎选择，希望能降低融资成本。在融资银行的选择上，往往会对多家银行进行对比分析，选择条件最好、利率最低的银行。为了进一步降低融资成本，企业可以通过基建方式，尽可能降低利息，在生产过程中也需要降低成本。从过往企业破产的实例中也可以看出，很多企业破产的原因就是利息过多无法偿还，所以，降低融资成本就成为电力企业在融资过程中不容忽视的问题。

（六）电力企业采用成本领先战略的风险

电力企业成本领先战略在具有明显优势的同时，也存在一定的风险。

1.降低成本

为降低成本，电力企业就须不断对原有设备进行更新，从而带来巨大的投资压力。不以大机组、超高压输电取代原有设备，就不能最大限度地降低生产成本，而新建这些项目动辄数亿元、数十亿元，要筹集这些资金，除融资外，电力企业必须投入约20%的资本金，无疑对电力企业形成不小的资金压力。

2.对技术进步保持敏感所带来的压力

电力企业要保持成本领先的地位，就必须不断以新技术装备自己，对技术进步保持敏感。这不仅意味着新的不间断的投入，同时，对原已习惯的工作方式、积累的经验也必须果断摒弃，对员工要花资金进行再培训，使之能熟练地掌握新技术。

3. 市场变化的巨大风险

电力企业为保持成本领先，必然会追求规模，再以规模带来的低成本去占领市场。当由于某种原因市场对电力的需求发生变化时，庞大的生产规模将会造成电力企业的沉重负担。

4. 省内市场由上述原因引起的需求萎缩

在上述情况下，即使电力企业依靠自身成本领先而挤占竞争对手的部分市场份额，但由于需求总量的大量缩减，仍将使部分设备停运，但设备保养、人员安置等固定成本支出并未减少。

5. 很强的可效法性带来的风险

从经验基础上发展起来的成本领先战略具有很强的可操作性，同时，也有很强的可效法性。隶属于国家电力公司的各电力企业既是竞争对手，又大多是国电公司的子公司，他们不断参观、互访，而降低成本的措施又较易效法，他们通过学习对方降低成本的做法并加以发展，从而超越竞争对手，使自己处于领先地位。

二、差异化战略

差异化战略主要是发挥自身的优势占据市场，包括品牌、产品、技术、服务、营销等多种内容，在行业内部形成产业链，占据较高的市场份额。成本领先可以选择以成本占据优势，在竞争中获得主动权，但是这样需要对手配合，对手选择创新，自身也必须进行创新，才能创造相似的价值和地位，以便于提高自身的收益。差异化战略并不意味着企业放弃成本优势，单纯地注重某一方面，而是把成本当作一个非主要目标，以特定优势作为主要战略目标。

实施差异化战略有时可能要放弃获得较高市场占有率的目标，因为差异化战略是针对顾客需求的差异来占领市场的，它的排他性是与高市场占有率不相融合的。

（一）电力企业实施差异化战略的益处

实施差异化战略可以给电力企业带来以下益处：

1. 增强与行业内竞争者的竞争能力

发电企业在发电可靠性、电压质量、频率合格率，以及对买方的信誉方面的差异化优势，可以提高买方对企业的认识和依赖，从而在行业内竞争者中形成竞争优势。供电企业则利用在电可靠性、供电质量、优质服务等方面的差异化优势，在同其他供电企业的竞争中处于有利地位。

你无我有，你缺我供，趁机卖出好价格，是不同类型电力企业之间竞争采用的战略。无论是调峰电力或枯水期电力，都是利用自身的资源及装备优势，销售本企业的特色产品。它无须追求很高的市场份额，利用获得的丰厚利润，弥补在非峰时段或非枯水季节发电较少的损失，使企业在年终结算时仍然利润可观。在发电厂竞价上网中，水电站利用自身的良好调节特性，打出调峰电力这张牌，无疑火电厂是无法与之竞争的。因为火电企业，有的通过自身努力，低谷时压负荷50%以上仍可稳定运行，而有的压负荷30%即难以承受，这就迫使它们频繁启停，成本上升，无疑会失去竞争力。

2. 提高对买方的讨价还价能力

发电企业的差异化优势可以提高购电企业或大用户对该企业的依赖程度，从而提高其对买方的讨价还价能力。尽管在当前的发电市场竞争中，以"竞价上网"的竞争为主，但随着市场化改革的深入，竞争的不断加剧，发电企业的差异化将逐渐明显，买方将会对发电企业的差异化认识不断加深，并逐渐产生依赖。

同样，将来一个地区出现两个以上供电企业时，供电企业在供电质量、服务质量方面的差异化优势可以提高用户对该企业的认识和依赖，降低用户的讨价还价能力。

3. 不必刻意去追求低成本

采用成本领先战略的企业，必须时时、处处关心自身成本，否则难以在竞争中生存，而差异化战略成本退而居其次，它们优先关心的是如何尽可能多地生产出具有特色的产品，即使为此要增加生产成本。例如，火电企业在枯期采用优质燃料，采用特殊工艺对设备进行抢修等；供电企业为提高供电质量和服务质量增加电网建设与改造投资和服务方面的开支等。需要注意的是，差异化战略并不意味着企业放弃成本优势，单纯地注重某一方面，而是以特定优势作为主要战略目标，把成本当作一个非主要目标来实现，并不是完全忽略，在战略中突出差异化、成本退而求其次而已。

4. 对替代产品具有更强的抗御性

电力企业通过优质产品和优质服务使用户满意并对电力产品产生依赖，并提高用户使用其他能源的转换成本，从而能够成功抵抗其替代产品——煤、油、气的威胁，提高电力在终端能源消费中的比重，达到开拓电力市场的目的。因此，差异化战略具有对替代产品更强的抗御性。

5. 具有更强的承受上游产品价格波动的能力

实行差异化战略其产品价格较高，获利也较丰厚，因此，具有更强的承受上游产品——燃料、零配件等价格波动的能力，减少与客户的合同纠纷，从而带来更好的信誉。

6. 提高电力行业的进入门槛

电力企业在市场上树立的良好质量形象和优质服务形象及在社会各界的良好信誉所建立的差异化优势，使潜在的进入者面临很高的进入门槛，欲消除这种障碍，新加入者必须付出高昂的代价，并长期忍受这种劣势，从而面临很高的风险。在当前一个地区只有一家供电企业，如这家企业在这个地区依靠其良好服务、稳定可靠的供电和良好的信誉，在人们心中留下了很好的印象，则区域外或行业外的企业很难顺利地进入该地区的电力市场。发电企业依靠其质量优势，与购电方的良好合作关系，与大用户建立的长期合作关系，同样也给其他欲向该地区电网送电的企业构成巨大的障碍。

（二）电力企业如何实现差异化战略

电力企业自身差异化战略就是依照企业向客户所提供的一些商品以及特殊服务构建出来的，属于企业自身的独特形式风格，在本行业中独树一帜，以击败竞争对手。如在一个地区存在两个以上售电企业时，用户可以选择任一售电企业，那么用户将根据售电公司的电力产品的差异来选择售电公司，如某一售电公司电能质量高，供电可靠，服务质量好等，即使价格不同，用户也可能愿意选择它。发电企业可以凭借可靠性高、可调性强、电压合格率高形成其差异化的优势。这就是差异化战略取胜的原因。电力企业的特有产品还是电力，但水电厂或水电占优势的省电力公司可以为市场提供调峰电力，火电厂或火电占优势的省电力公司可以为市场提供枯水期电力，抽水蓄能电站及燃气轮机为市场提供调峰电力等。调峰电力、枯水期电力就是这些企业的特有产品。

电力企业实施差异化战略主要途径有以下几种：

1. 树立电力产品差异化的观念

长期以来，电力产品单一的观念在人们的头脑中已经根深蒂固，对电力企业差异化战略的实施形成巨大的障碍。然而随着电力供求关系的改变，这一观念也应发生转变。在缺电情况下，人们对电力的需求是最基本的需求，只要能用上电就满足了，在这种最低级的需求下，电力产品是单一的，没人奢望有更高的需求。在电力供求关系缓解后，人们更高的需求便被提了出来，如要求有更高的质量、更稳定的供应、各种电压等级和不同时段电力的需求。由此便产生了电力产品的种类，如可间断供电和持续供电、峰谷电、各种等级的电力，以及对电力质量的不同要求。而这些都需要电力企业自身的经营理念，具有全新的发展，也使电力企业自身的发展具有了全新的空间，所以电力企业要转化自身观念，适应需求的变化，满足不同用户对电力的不同需求，同时也使企业得到发展。

2. 提高电力产品质量

产品质量是让用户满意的基础。对供电企业来说，要想让客户满意就要首先依照电压和频率合格的优质电力，从而使供电更加具有稳定性。而针对发电企业来说，稳定可靠的运行、合格的电压和频率是上网的基本条件，很难想象一个设备故障频繁，电压、频率不稳定的发电企业在市场化运营的电力市场中会有立足之地。在竞争日益激烈的电力市场中，质量成为电力产品差异化的重要来源。所以，提升电力产品的实际质量也是电力企业确保差异化战略得以实施的重要方法。

3. 提供优质服务水平

从产品的角度加以分析，服务本身也包含在产品属性中，属于产品的附加价值，但是电力产品本身功能单一，产品无法选择，服务也就成为电力产品的差别，对服务水平也有较高要求。因此，电力企业的优质服务在实施差异化战略中起着至关重要的作用，尤其对供电企业更是如此。

由于长期的计划经济体制的影响，再加上长期缺电局面和垄断经营，"重发、轻供、不管用"是对电力行业服务工作的真实写照。在电力工业市场化运营的今天，缺电已经成为历史，垄断格局正在逐步打破，优质服务成为电力企业开拓电力市场，迎接市场竞争的重要手段。在竞争不断加剧的情况下，提高优质服务水平成为电力企业实施差异化战略的又一重要途径。"客户服务""承诺"这些方式都是目前提高电力企业服务质量的重要选择，为客户提供更为优质的服务。

4. 树立电力企业产品品牌形象

品牌是产品的标志，也是电气企业重要的资产。用户对品牌的认知是用户进行品牌选择的重要参考因素，树立良好的品牌形象，也是实施差异化战略的重要方式。随着竞争的出现，电力企业经营区域的扩大，品牌这一其他行业中的重要概念必将进入电力行业中来，并在电力企业的竞争中发挥重要的作用。因此，电力企业从现在起应着手创建自己的品牌，扩大知名度，争创电力行业中的名牌。

三、重点集中战略

重点集中战略的实施，是针对某个重点的顾客群体，某种产品的细分对象，对这些群体对象进行集中的服务，制定的各种策略也都是围绕着这些工作开展、设计的。

重点集中战略和以上两种战略在实施的过程中，存在一定的差别。以上两种战略的实施，针对的是整个行业的发展，在全行业的领域中开展各种活动。但是重点集中战略的实施过程中，围绕的是行业中的一个目标、一个群体，开展的各种生产经营活动，也是要围绕着服务目标群体而开展的。在这种情况下，企业在选择了目标市场之后，还可以通过使用产品的无差异化策略、成本的领先策略等，确保重点集中战略的有效落实。

集中战略的实施，需要企业能够保证较高的工作效率、较好的工作效果，并且为具体的对象提供服务，并超过更多的竞争对手。公司在为战略对象服务时或处于低成本地位或具有差异化优势，或二者兼有。对电力企业而言，就是将目标集中在某一特定客户群体或某一负荷地区或某一时段，采取成本领先或差异化战略，或者二者兼用，使自己在这一客户群或负荷区内或时段的市场份额得以保持和发展。

（一）重点集中战略的实施条件

重点集中战略的运用需要首先确定目标，市场一般原则是最大限度地选择一些竞争对手较为薄弱的环节，以及不容易被替代的商品作为自身目标，而在目标选择之前，企业也需要首先认知以下四点：

一是购买者群体之间在需求上存在着差异。电力用户不同的需求给电力企业重点集中战略实施提供了条件。

二是在企业自身的目标环境之中，并没有其他的竞争对手，希望使用重点集中战略。

三是企业自身的目标、市场整体容量、获利环境，以及竞争强度各方面都对企业具有吸引力。如东部地区用电量增长迅速，而当地的小火电越来越受环保的约束，很多属于关停之列，使得这一目标市场需求很大，由于高峰时段电价高，获利能力很强，随着小火电关闭、老机组退役和新建火电机组受到环保要求的限制，竞争强度逐渐减弱，成为西部发电企业非常有吸引力的目标市场。

四是企业自身的资源有限，因此，无法满足更大的目标市场。通过集中重点战略的企业运用，通常都是针对一些规模较小的企业，由于资源的限制，不能在整个市场的范围内进入竞争。一些电力企业，由于发电设备、资金、人员等制约，不能在所有地区、所有时段同其他发电企业进行竞争。而一些大型电力企业，如各大集团公司，拥有各种类型的发电机组、装机容量大，在电网允许的情况下可以在全国范围内参与发电市场的竞争。

（二）重点集中战略的风险

重点集中战略也有一定的风险。

在重点集中战略的实施过程中，原有的竞争对手，可以选择同样的战略实施，或者竞争对手对原有的市场进行细分，重新选择了一个目标市场。这种情况下，将造成原有的重点不再是重点，原有的战略也将变得没有作用。

在技术不断进步的过程中，各种能够替代的产品越来越多地出现并且得到认可和使用，原有的用户价值观、偏好等发生改变的情况下，都将对既定的目标市场造成影响，进而影响企业之前制定的重点集中战略。

在企业开展市场竞争的过程中，和之前的竞争对手在集中的领域中建立的战略在一定程度上不断拉开差距的情况下，企业在目标市场上的优势也将不断缩小，最终将造成重点集中战略变得毫无意义。

集中战略目标市场的客户群体对电力企业扶持让利的依赖。电力企业对目标市场客户的让利扶持总量有限，时间也有限。客户对让利降价幅度提出进一步要求，电力企业将难以承受。让利扶持的目的是使这些客户在一定时间内扭转被动局面，不可能无限延期。总之，目标市场中的客户如果对电力企业的让利扶持产生依赖，甚至将电力企业帮助他们打开销路转变成依赖电力企业代销产品，这都将给集中战略带来风险。

四、竞争战略选择的原则

企业如何结合自己的情况选择基本竞争战略，一般遵循两个原则：一是从三个基本竞争战略中选择其一；二是从企业具体情况出发。

（一）三选一原则

三选一原则实际上是二选一。这是由于重点集中战略，通常在目标市场中属于成本领先集中战略以及差异化集中战略的构成，本质上说，集中重点战略属于成本领先战略，以及差异化战略，在一个具体的市场中的实际运用。因此从三种竞争战略中选择一个，实际是从成本领先战略和差异化战略中选择一个，而是否选择重点集中战略主要考虑企业是否有能力在整个市场范围内进行经营活动。

在理论上，企业并不能同时使用成本领先战略和差异化战略，这主要是因为这两个战略需要的条件是对立的。在成本领先战略的实施过程中，企业要能够对现有的生产经营过程进行全面、合理的设置，要能够对除了成本控制之外的各种因素进行全面应用，能够使用设备机器开展大批量的生产。但是在使用差异化战略的过程中，需要对市场中存在的差异现象进行分析，要能够使用特殊的工艺技术、设备等生产出与众不同的产品，满足市场的需求。因此，这两种战略在实施的过程中，需要的条件有所不同，产生的结果也有所差异，需要结合企业的具体情况，选择使用其中的一个战略进行应用。

（二）从企业实际情况出发选择竞争战略

企业在选择竞争战略时除遵循三选一原则外，还应考虑以下因素：

1.经营单位所面临的生产力与科技发展水平

在一个经济系统中，存在较发达的现象。一方面，企业之间的竞争将变得更加激烈；另一方面，居民收入也将随着整体社会的进步不断提升，成本领先战略在实际的应用过程中，存在的优势不断降低，在这个过程中，差异化战略展现出更强大的优势特点。同样的道理，在一个经济系统不够发达的地区中，成本领先战略的应用，对比差异化战略的应用，具有更明显的优势。比如，在东部沿海地区和西部地区，使用的发展战略是不同的。在东部沿海经济发达的地区，要使用差异化战略，满足不同的用电需求；但是在中西部对电价敏感的地区，主要通过使用降低电价的方式提高用户的使用量，因此使用成本领先战略更有优势。

2. 企业自身的生产与营销能力

在企业发展过程中，自身的规模也是影响战略制定的一个重要因素。在规模较小的企业生产经营过程中，生产能力有限、营销能力有限的情况下，可以选择使用重点集中战略方法，将全部的资源优势集中在某一个重点的领域，更好地保证企业的生产经营发展。同样，在一个企业规模较大的发展过程中，生产能力、营销能力突出的情况下，可以选择在生产的过程中，使用成本领先战略，保证成本的控制优势；在销售过程中，使用差异化战略，保证满足不同消费者的需求。具体应用在发电市场的企业竞争过程中，可以根据不同的电力企业情况，选择使用不同的战略方法，为用户提供优质的服务、安全可靠的供电。

3. 产品的市场寿命周期

在企业的生产经营过程中，产品在市场上的寿命周期也是影响战略选择的一个重要因素。一般情况下，产品能够长时间地投入使用的情况下，为更好地占领市场，或者抢占新的市场，企业可以使用成本领先战略，通过刺激消费者需求的方式，形成成本控制，市场占有率提高，收益提升，完善设备使用的循环过程。但是随着企业不断发展，在企业进入成熟期、衰退期的过程中，消费者的需求发生了更多的变化，在这个过程中，需要选择使用差异化战略，或者集中化的战略应用，满足具体个性化的需求。在电力企业的发展过程中，随着生活条件的改善，电力的供求关系也在发生不断的改变，电力市场已经逐渐进入成熟期的发展阶段，在这个阶段的发展过程中，电力产品的需求开始不断向复杂多样的方向发展，电力企业不仅需要向用户提供安全的供电，还需要对现有的电力产品进行不断开发，满足用户新的需求。

4. 企业产品类别

企业生产的产品形成的不同类别，也是影响企业战略选择的一个主要因素。在企业产品的生产过程中，不同的产品对价格、质量、服务的要求是不同的。大多数消费者在选择产品的过程中，也会对这些因素进行具体的参考和对比。电力产品作为生活中不缺少的产品，质量的要求是第一位的，在质量同等水平的情况下，价格和服务是重要的对比因素。因此，在电费价格制定过程中，一定要对消费者的使用意见进行有效的搜集，要能够真正发挥出用户听证制度的作用，对居民用电的服务情况进行汇总。一般情况下，为保证居民用电市场的秩序，大多数电力企业会选择使用成本领先战略进行应用。

总之，基本竞争战略的选择，要从企业的自身情况和所处环境出发，根据企业的资源、行业特点和消费者特征，慎重选择。

第三章　电力物资采购管理

第一节　电力物资采购管理基础

一、电力物资采购管理的目的

（一）电力物资部门的性质和地位

物资流通是以货币为媒介的生产资料商品交换。从事物资流通工作的有物资流通企业和企业的物资流通部门（简称物资部门），其中，物资流通企业是独立的经营部门，其基本职责是商品交换，是通过买和卖交换商品，属社会流通领域；企业的物资部门是企业的重要职能部门，是从事内部物资管理的部门，属生产领域。电力系统的物资部门属后者，作为电力部门、网省局、各基层单位的专业部门，是组成电力企业中人员、财产、物品管理工作不能分割的重要部分。

电力企业的物资部门，和社会上的物资企业部门还是有所差别的。作为电力企业的一个重要组成，是电力生产、电力建设的重要保障，是和电力企业生产、电力建设相关的重要内容。电力生产建设过程中，一半以上的资金都使用在物资的保障工作中。因此，电力企业中的物资工作开展，是保证企业能正常安全地开展供电工作的重要因素，也是影响电力企业在生产建设过程中成本的控制、工期的时间等具体工作的重要因素。因此，在电力物资部门，一定要重视物资的供应工作开展，坚决不能出现假冒伪劣产品，只有这样才能保证电网的安全和供电的安全。另外，在物资保障中，还要控制成本，通过降低成本的方式，不断提高电力企业的服务效益。

（二）电力物资采购管理的目的

物资流通由四个基本环节组成：采购、运输、储存、销售。对电力物资部门来讲，销售环节主要是供应。在这四个环节中，采购工作的开展，是保证整个物资流通的基础。在物资流通的过程中，采购具有决定性的影响作用。采购的物资从质量上、价格上、数量上、采购的时间上、售后服务等各方面的工作开展，都对其他环节的工作开展产生影响。在电力企业发展过程中，电力物资的采购工作直接影响着电力的生产建设进度。因此，要重视电力物资的采购管理工作，确保电力生产建设的进度。

电力物资采购管理目的是由电力生产建设的特点决定的。电力生产的过程中，存在着发电、供电、用电在同一个时间内完成的特点。这种特点决定着电力产品不能储存，但是社会的生产生活过程中，还要求电力不能间断地全面提供，电力的供应安全对保障设备稳定、提高人民生活质量发挥着重要的作用。因此，电力建设工作非常重要。在电力建设过程中，还存在着投资的资金多、使用的技术专业性强的特点，这种情况下，建设的周期要控制在一定时间，工程的造价也要更好地控制。这些特点的存在，决定着在采购工作过程中，物资的质量、价格、时效性都是需要得到控制和保障的，只有这样，才能真正地确保电力生产的安全稳定和供电的及时高效。

在电力企业中开展物资的采购工作，其出发点和最终的目标都是未来追求保障电力的安全生产建设质量。在物资采购管理工作的开展中，更要提高服务的意识水平，增加物资的功能，提高物资的服务水平。具体可以从以下几方面做起：

第一，根据电力生产的连续性、发、供、用电的同时性，根据施工企业施工进度要求，及时按品种、数量采购物资，保证生产不间断进行，提高劳动生产率。

第二，采购中应择优选厂，比质比价，严格对所购物资进行监督、验收、维护、保养，保证其质量，这对控制采购成本、提高发电机组的安全可靠性、防止事故发生、提高电力系统整体经济效益，乃至社会效益有重大意义。

第三，在条件许可情况下，对材料设备可实行招标采购，因为这种采购方式对降低工程造价，提高发、供电水平有很大的作用。

第四，充分利用市场中获得的信息，为电力生产建设推荐新技术、新产品，这对施工质量、生产工艺水平的提高及机组更加稳定可靠地运行有积极作用。

二、电力物资采购管理的特点

（一）服务性

电力企业开展物资的采购工作，主要是为了电力生产的建设提供各种服务的。在为企业提供服务过程中，一定要将整体的利益放在首要位置，在必要的情况下，可以牺牲局部的利益。在社会上物资采购的过程中，主要的目的是为了追求利润的最大化，主要是在利润的影响作用中，选择供货商，选择商品，采购工作是为利益服务的。

（二）责任性

电力企业在进行物资采购过程中，对电力生产的建设工作具有重要的影响作用，承担着主要责任。但是在社会流通的物资采购过程中，主要是为企业提供服务的，并不承担主要责任。

（三）计划性

电力企业开展物资的采购工作，主要是为生产建设提供服务，电力生产的建设过程具有连续性、计划性的特点，这也决定了开展的物资采购工作具有计划性，能够提前进行预见。

（四）全面性

电力生产建设需要的物资，种类非常丰富。这些物资在采购过程中，需要挑选各种各样的供货商，才能满足需求。但是在社会流通的物资采购过程中，涉及的品种有限，产生的采购难度也不大。

（五）先进性

在电力企业的生产建设过程中，使用的物资具有较高的技术性，涉及的高新技术较多。在当前世界上技术更新速度较快的情况下，在开展采购工作的过程中，要注重材料的先进性和设备的先进性，保证电力企业的建设先进性。

（六）可操作性

电力企业在物资采购过程中，需要根据具体的建设要求，选择使用不同的采购产品。但是在社会上一般企业的物资采购过程中，主要是为保证企业的盈利，市场的变化造成采购存在一定的盲目性，限制了采购的操作性发挥。

（七）专业性、实用性

电力企业在物资采购过程中，主要的服务对象是固定的。因此，只能采购与本行业相关的实用性物资。但是在社会上的一般企业开展的物资采购工作中，面对的服务对象是不固定的，因此，采购的物资也存在一定的临时性，专业性要求不高。

三、电力物资采购原则

电力物资采购除应坚持《电力物资标准化管理办法》中的原则外，还应遵守以下原则：适用、及时、齐备、经济。"适用"指订购物资的品种、规格、质量、数量要适应完成企业任务的需要；"及时"指进货时间安排要满足电力生产时间或电力建设进度的要求；"齐备"指配套使用的物资在采购数量、进货时间上要衔接；"经济"指要按总费用（包括物资价格、运杂费、采购费用和储存费用等）最小的原则来组织采购。只有确保这些原则得以遵守，才能使供应更为高质量，并且降低成本，从而使电力企业生产建设能够顺利开展，有效提升整体行业的经济效益。

第二节 电力物资采购管理方法

一、询价采购

询价采购工作的开展，是在采购的过程中，通过向至少三家供货商进行价格咨询，在对比价格之后选择最有价格优势的供货商，保证采购的价格优势。这种采购方法的使用，具有简单便利的特点，更加适合选择使用标准相对统一、价格幅度变化不大的商品采购。询价采购作为采购方式之一，在电力企业物资采购中发挥着重要作用。

做好物资的询价采购，应注意以下几点：

（一）做好对询价对象的资格审核

在使用询价采购方法之前，一定要对咨询价格的对象进行资格审核。要保证提供价格的供货商具备供货的资质，并且在技术、资金、信誉和管理等方面的工作中，具有保障。资格审核工作的开展，是保证采购制度的重要前提。只有确保供应商的资格，才能确保后期开展的采购工作都是规范的。对经过资格审核之后的供应商建立一个台账，能够更好地为后期的采购工作提供服务，确保采购的质量和效率，最大化控制采购的成本。一般情况下，在进行资格审核的工作开展中，需要选择具有采购经验的人员参与执行。

（二）认真选择询价对象

在价格咨询工作中，一方面是为保证价格优势，另一方面是为寻找最佳的合作对象。在经过至少三家采购对象的咨询之后，才能确定基本的供货商对象。但是在询价过程中，选择使用的询价单要有目的性地发放，要保证咨询的价格真实性。比如，在发放询价单之前，可以提前选择发放对象，然后再进行发放。一般情况下，咨询对象可以是之前的供货商，也可以是中间商。一般情况下，在采购大批量的商品过程中，可以直接向生产者进行价格咨询，在减少中间商的利润之后能够更好地控制采购成本。

（三）询价要做到明确、详细

在进行价格咨询的过程中，一定要合理地使用询价单，要能够通过询价单的设置，对采购货物的质量、性能、规格进行明确的显示，并且还要体现出在采购过程中需要承担的其他费用。比如，物流费用、保险费用、税费费用等。如果询价单的设置不能体现这些内容，对方提供的报价很可能是不准确的，将为后期的采购工作增加难度。

（四）慎重对待低价

在价格咨询过程中，反馈的各种较低价格，并不一定要全部接受。要能够根据报价和实际咨询采购物品的品质进行对比，确保商品的质量。因此，在接收到具体价格之后，采购人员一定要对采购的商品进行全面的分析，对价格进行合理的判断，经过反复的确认，只有在明确各种采购细节、采购质量的基础上，才能选择最具有价格优势的供货商，但并不一定都是价格最低的供货商。

（五）询价采购必须坚持四条原则

第一，在询价过程中，针对资金使用量少、数量少的商品进行价格咨询的情况，尽可能地坚持政府采购、集中采购的方式，这样能够形成一种互相监督的效果；第二，针对采购商品的资金使用量大、数量多的商品，在进行价格咨询的过程中，必要情况下可以邀请财务人员、审计人员、纪检人员参与，对采购询价的过程进行公示；第三，选择价格咨询的供货商要保持至少三个；第四，供货商的价格只能提供一个，并且以最适合的供货商作为最终选择的合作对象，并且需要签订采购合同。

二、招标采购

招标采购是目前电力企业普遍采用的物资采购方法之一，许多电力企业的物资管理部门把招标采购作为一项重要工作来抓，严把物资质量关、价格关、售后服务关，健全招标采购组织机构，完善招标采购操作规程，建立起集体管理、监督、评价三位一体的物资招标采购管理办法，使集中的权力分散化，隐蔽的权力公开化，彻底避免了暗箱操作，有效降低了材料采购成本，维护了企业的利益。

（一）健全招标采购组织机构

为了加强对物资招标采购工作的领导，应建立由物资、计划、安质、财务、纪检、监察等部门为组员的招标采购工作领导小组，负责招标采购的日常工作和制定招标管理办法。同时，还要在招标采购的过程中，编制完善的文件。编制招标采购的文件，是一项相对复杂的工作，含有较强的技术性，招标采购文件的编制质量，将直接影响到招标采购工作开展的顺利性。其中，优秀的招标采购文件在编制过程中要做到两点：第一，要能够帮助供应商更准确地理解采购工作的目的和需求；第二，要能够帮助供应商更严谨地参与招投标活动。其中，招采工作小组要将文件的编制，作为重点的工作进行开展，责成物资科负责协调。组织有关科室人员编制。招标文件主要内容有授权书、投标须知、合同条款、需求一览表、物资品种规格及技术标准等。投标文件的制定不仅规范了招标各方的行为，而且规范了整个招标活动的基本程序。

（二）把握好招标主动权

为做到公开、公平、公正的评审，首先是针对市场展开调研，从而掌握好与供应商相关的社会环境、供应能力、价格环境以及物资保障和运输能力等各项情况。它是评审前必不可少的一项工作，只有做到心中有数才能评审好，才能让那些资质好、有实力的供应商都能参加到项目部的招标采购工作中来。其次是在充分调查的基础上组织评委开招标会议，依据投标书、企业法人营业执照、税务登记、生产许可证、产品合格证，以及能够证明其产品质量符合国家标准或行业标准的有效证件及有关资料，进行逐项打分评审。为了扩大比质比价的空间，规定每项物资招标不得少于两家厂商竞标。最后是在充分协商的基础上，组织评分在前三名的厂商进行答辩，通过提问、答疑，供需双方进一步磋商，最终确定中标厂商及中标单价，并签订合同。这套完整、详细的招标程序，不仅规范了招标采购行为，增强了招标工作的透明度，而且还使他们在同等产品、同等质量、同等服务的情况下，能够选择价格最低的产品。

（三）确保招标物资质量

确定供应单位后，应对所采购的物资质量进行全过程控制。第一，加强物资的进口管理，把住源头，净化渠道，实行物资供应质量责任制。第二，强化物资质量检验标准，认真查看每一批物资是否都属于"五有"，也就是有订货合同、有技术证件、有合格证书、有生产许可证、有检验标准。第三，对所进物资不管是否具备"五证"，必须进行检测试验，看其是否合格，严防不合格产品进入。

第三节　电力物资采购委托代理机制

随着我国电力体制改革的不断深入，电力企业物资部门的工作内容也发生了很大变化，从单一地为本企业服务，向既是各类物资的需求者，也是各类物资的供应者转变，积极参与市场竞争，以期在竞争日趋激烈的流通领域争得一席之地。代理制是目前我国电力企业物资部门可以选择的一个方法。电力企业的物资部门可以根据本部门所在的区域位置、资源配置、经营能力，充分发挥电力企业信誉好、资金周转快的特点，积极开展代理制服务。

一、代理制及其特点

（一）代理制的概念

代理制的形成，是流通企业和生产企业之间，通过签订合同的方式，进行代理协议的确立，在获得销售权益的基础上，形成长期的合作关系，进行产销合作。通过这种方式完成对商品的流通保障。

（二）代理制的特点

代理制在不同的国家有不同的特点，总体来讲，有以下几个明显的特点：

第一，代理商是具有法人资质的，是具有独立经营权利的商业组织，并且和制造商之间具有长期的合作关系。两者之间的关系相对稳定。

第二，代理商只能在限定的区域中进行代理产品的销售。在销售的过程中，不能销售同类别的其他产品，但是可以销售和该产品种类不同的其他产品。

第三，代理商要对制造商的价格进行明确的遵守。代理商没有修改价格的权利。

第四，代理商可以根据具体的销售情况，设置不同比例的佣金。通常代理商是不用承担各种市场风险的，在销售过程中产生的费用，要由代理商自己承担。但是在制造商想要进一步扩大市场的情况下，可以委托代理商开展各种活动，在这些活动组织开展的过程中，制造商需要承担费用。

第五，代理商在法律上对所代理的商品，不具有所有权。代理商仅仅作为一个业务的代理者，不能对产品进行重新加工、包装等。

二、代理形式

（一）国外出现的代理形式

1.代理商代理权限的大小区分

（1）独家代理

独家代理，是指代理人在该区域中，享受独家销售的权利。在与厂家签订代理协议的时间内，在该地区中只能有这一个代理商经营代理的产品销售业务。但是在有特殊规定的情况下，代理人可以委托其他的人员进行销售，该代理人可以对委托销售人员的销售额进行提成，收取佣金。

（2）一般代理

一般代理人员，是在同一个区域中，委托人可以设置多个代理商进行商品的代理销售。委托人可以和用户进行直接的销售合同签订，这部分销售的业绩，代理商不能收取佣金。

（3）总代理

总代理，享受独家代理的各种权利。同时，总代理还能够代表委托人，在代理的区域中开展其他活动。

2. 代理商代理的对象不同区分

（1）销售代理

销售代理，是对企业生产的产品进行销售的一种行为。销售代理商，在一定程度上发挥着企业产品销售的效果，对产品销售过程中的价格具有影响作用。

（2）生产代理

生产代理，是对企业生产的某一种产品进行经营，或者是对企业生产的互补产品进行经营。一般情况下，生产代理会同时代理两个以上的产品。生产代理商，通常情况下对某一项产品具有独特的研究，是某方面的专家，并且对该领域具有研究，有一定的关系，熟悉该产品的生产流程和使用功能。

（3）采购代理

采购代理，是和企业建立长期稳定关系的代理商。通过该代理商的采购，协助企业更快速地完成商品的收验货工作和储运工作，承担起生产企业和销售企业之间的中介作用。

3. 代理商销售或采购产品的程度区分

（1）批发代理

批发代理是购买方与销售方都要当商品批发交易中介的代理商。批发代理商通常情况下都是总代理，并且经常见于一些大批量通用性的商品，在整体市场环境中。

（2）零售代理

零售代理指的是进行商品零售的代理商。零售代理商通常是一些较小的公司以及专业性较强的公司，大部分都是一般代理。

（二）国内出现的代理形式

目前，我国生产资料流通领域出现的代理形式，是在适合国情的基础上产生的，旨在发展稳固的工商关系。这些代理方式根据其特点归纳如下：

1. 按结算方式划分

（1）一次性付款买断

这种代理模式在整体结算上可以表现为发货之前首先付清全部货款，而主要形式属于买断代理，代理单位通常使用现金或者汇票一次性按季度去订货，其中现款需要占至少30%的比例，银行承兑的汇票承兑期不能超过3个月，价格依照交款时的批量优惠价格进行。合同进行过程之中，也就是在货物发出后 15 天内和货物发出之前，一旦价格产生了变化，如果涨价了则依照原价，如果降价了则需要降价。承兑汇票的兑现期以及交货期在延后 1 个月之后，流通方企业需要向厂方支付利息。

（2）预交部分货款或分期付款

预交部分货款通常划分为预交现金代理以及预交银行承兑汇票抵押代理两种，而分期付款的模式通常都是被经销代理所使用的。

（3）延期付款

延期付款属于流通企业依照协议中的相关规定，在生产企业发货之后，需要在一定时间内支付货款。

2. 按流通企业经营方式划分

按照流通企业在代理环境之中的产品特征与地区可以划分为：

（1）专门代理

针对生产企业某一个特殊商品进行代理。这种模式的代理，需要首先掌握用户的实际需求，并且运用加工配送融合。

（2）全权代理（地区总代理）

将生产企业在一定范围内，例如，省级、区级或者直辖市级的全权代理权，直接给予流通企业，使这一地区内的所有单位需要该单位生产的商品都需要通过流通代理企业。

（3）出口代理

通过外贸出口的渠道流通企业，就可以给生产企业代理一些出口商品。

3. 按工商关系划分

（1）联营代理

流通企业与生产企业共同构成的联营公司进行代理销售，而利润则需要给联营公司依照出资的比例进行分成。联营代理对双方来说都是有优势的，所以，通常情况下，生产企业与流通企业都愿意采取这种模式，从而促进代理量增加。

（2）委托代理

生产企业可以直接将材料发给流通企业，仓库运费以及仓储费由生产企业去承担，而价格则按照市场实际情况进行协商规定，价格浮动区间让流通企业去把握，按月结算，流通企业需要留下一定额度的代理费。

（3）双向代理

流通企业代理供给生产企业生产资料，但是生产企业所提供的一些生产的产品给流通企业进行销售，例如，物资企业通常需要采购钢厂的生铁以及钢坯等原材料，并且代理销售钢厂所生产的钢材。这种形式是一种联合经营的形式，不受市场形势所左右，无论在买方市场或是卖方市场情况下，都将发挥其优势。

三、代理制的功能及作用

（一）代理制的功能

代理制与其他贸易方式相比，具有如下功能：

1. 开拓市场

代理商作为专业流通法人组织，拥有大量用户，并因熟悉市场情况，尤其是国际市场的情况和法规、惯例等，容易打开销路。

2. 增强竞争力

在越来越多的商品种类中，销售的距离不断扩大，更多的替代品开始出现并使用，造成了商品之间的竞争不断加剧。通过选择使用优秀的代理商，能够帮助企业更好地进行产品销售，在同一个销售区域中提高产品的竞争力。在这个过程中，企业能够将更多的精力放在新产品的研发中，不断提高产品的质量，控制成本，进一步提升产品的竞争力。

3. 减小商业风险

代理制以平均利润、风险共担、利益共享为原则，让买卖商品的两者都能够将市场竞争过程中产生的风险进行承担。另外，代理制度的形成，还能够对传统的现金交易过程中形成的信誉交易进行改变，通过赚取佣金的方式，有效地控制经营过程中的风险。

4. 集中结算

代理商作为生产者和消费者之间的中介，能够在代理销售的区域中，更好地完成结算和收款的工作，发挥出集中结算的作用。

5. 信息反馈

通过使用代理商制度的应用，能够将商品的具体信息进行全面的汇总和反馈，让生产企业能够更好地根据信息的反馈，进一步调整生产的结构，实现产品质量不断提升的效果。

6. 加工配套，售后服务

代理公司通过配套服务，如加工、仓储、运输、广告，以及维修功能，解除了用户的后顾之忧，赢得用户和市场。售后的服务质量，对留住顾客具有重要的作用。代理商可以通过提升售后品质的方式，进一步获取厂家的信任，保留代理权的同时，也能收获一笔售后服务的费用。

7. 融通资本

代理公司通常拥有较为强烈的融资能力，能否及时还款属于代理公司能否继续行使代理权的一个先决条件，而结算的方式有很多种，有一些结算需要一发货就要付一些货款，而有的则需要货到之后，在一定时间范围内进行货款支付，时间一到，即使货未出手也必须还款。因此，一方面，代理公司要与金融企业的关系密切；另一方面，它对用户付款的督促功能也要很强。

8. 加速资金周转

代理公司通过促进产品流通，节约生产企业的流通费用支出，以及促进及时结算，等等，加速了社会资金的周转，提高了社会经济效益。

（二）代理制的作用

随着市场配置资源作用的增强，代理制将起到越来越重要的作用。目前，其作用主要有以下几点：

1. 有利于理顺工商关系

代理关系的产生，是企业在生产和销售过程中，通过双方的自愿意志，在对信誉进行应用的基础上形成的一种合作关系。这种关系相对长期和稳定。其中，企业在销售过程中，通过提供优质的销售服务，获得生产者的认可；生产企业通过提供优质的产品，帮助销售企业实现更好的销售效果；两者之间的利益实现捆绑，形成不能分割的工商矛盾体，进而促进社会化的合理分工。

2. 有利于建立良好的流通秩序

代理制可以改变流通企业过多过滥、供销人员满天飞的局面，减少流通环节，促进流通企业规模化经营的发展。

3. 有利于降低流通费用，提高流通效率

现阶段使用的流通体制整体环节过于烦琐，不但会直接增加流通的费用，还会直接降低流通效率。代理制遵循最为便捷、最快捷地将商品送达用户的原则，实行直达供货和网络供货，商品的价格可以直接由生产企业去制定，因此，这也就使流通企业需要尽可能地降低自身成本费用，提升整体效率。

4. 有利于稳定市场，平抑市场物价

代理制通过有实力的代理商，按生产企业的定价，最快捷地把商品流转到用户手中，整体环节缩短，就能够有效地对市场物价进行控制，从而促进社会及市场的稳定。

5. 有利于按市场需要组织生产，及时调整产品结构，提高产品质量

在代理制度的应用中，企业在生产过程中，也会根据代理商提供的订单要求开展生产，还能够根据市场的信息反馈及时地进行产品结构的调整，进一步保证产品在市场上的受欢迎程度，提高生产的针对性和产品的目的性，更好地完成销售。

6. 有利于提高资金使用效益，缓解债务链

代理制度的使用，能够帮助生产企业和销售企业之间建立紧密的合作关系，更好地做好信息的共享，及时地处理商品，减少库存，提高销售和生产的比例。另外，还能够有效地减少企业生产过程中销售产品的成本投入，实现最大化的产销比。在减少流通的销售过程中，还能够帮助生产企业、销售企业进一步增加资金的周转速度。

第四节　物资配送

一、配送的含义

配送的含义并不是指单纯的送货，而是依照用户的实际需求进行送货的一种特殊模式。配送的产生和实现需要一定的市场基础和现代化的组织管理水平，是在生产的高度社会化、科学技术的不断进步并应用于生产、市场体系相应完善的条件下，以适应社会化生产的需要而产生的。配送指的是依照用户的实际需求进行的配货及送货的活动，主要需要考虑配货和送达及用户需求三方面的问题。

（一）用户需求

用户需求包含的内容很广泛，一般指购货合同中约定的条款：如货物的品种、规格、数量、质量，履行的期限、地点、方式及其他用户提出要求等，充分体现出以用户为上帝的物资流通商品化的特征。用户需求是否得到满足，以及用户对送货的满意程度是对配送整体质量衡量的主要标准。

（二）配货

配货是区别于传统物资流通活动最显著的标志。传统物资流通中的配货只是一种偶然的行为或者说是优质服务的手段；而配送体制形式下的配送配货是必不可少的业务活动的程序和环节，是顺应生产力发展要求，提高竞争能力和自身经济效益的重要手段。

（三）送达

送达即将货物送达用户手中，传统物流所倡导的优质送货上门服务是一种促销方式，配送体制形式的送货是配送业务活动的环节，是采用最佳运输方案的系统化的送货行为。

二、配送的作用

（一）有利于降低物资储运成本，提高物流的经济效益

实施配送活动，是社会化生产发展的要求，是符合经济发展规律的物流形式，同时，也要求有更高质量的科学管理措施，加强物资流通的综合管理。集中配送，可以大大减少行业层层建库的资金积压，最大限度地对库存的物资进行合理的调度与运用，从而使资金以及物资的使用效率得到提升，并且还能直接减少物资存储过程中所产生的仓储费用。

（二）有利于减少社会库存的积存，使企业"零库存"生产成为可能

配送制的广泛实施，特别是采取定时、定点、定量配送，就可以在企业保证正常生产的前提下，最大限度地减少企业库存，大大地改善企业生产的外部环境，从而使"零库存"成为可能。实行集中库存，一方面可使库存总量远低于各行各业分散储存的库存总量，有利于改变因分散储存而造成的资源短缺矛盾；另一方面使企业放下储运包袱，轻装上阵，便于企业更好地加强生产管理。

（三）有利于完善物资运输方式，实现物流的系统化

物资经过干线运输往往不能直接到达众多的消费者手中，还需支线运输才能到达用户。这种干、支线分离运输，不可避免地造成一些迂回、重复等不合理运输，不能充分发挥运力，致使物资运输成本高、速度慢，同时加剧了运力紧张程度。采用配送方式，将干、支线和连接千家万户的网络运输系统统一起来，系统组织，整体协调，从而完善了物资运输方式，实现了物流合理化。

（四）有利于提高物资供应的保证程度，方便了用户

　　企业由于受到库存费用的制约，仅靠自身力量难以提高物资供应的保证程度，配送中心有比任何单独企业更大的物资储备能力，有充足的物资，为社会生产提供了强有力的保证。因此，就每个企业而言，物资保证供应的程度相应地就增加了。采用配送方式，建立起固定的配送关系，用户只须与配送中心一家联系，就可以订购到以前花大量人力、物力，多方组织才能订购到的货物，既减少了用户的负担，又节省了用户的订购费用，大大方便了用户。

第四章 电力物资仓储管理

第一节 仓储管理的作用

仓储管理工作的开展，主要是对仓储管理活动开展的规律、使用的管理方法、管理措施进行研究，重点是为更好地开展生产活动提供服务。在这个过程中，通过系列的管理工作、技术应用，保证仓储管理能够有计划、有组织地监督实施，并且保证各方面的资源得到协调应用。这一系列的活动被称为仓储管理。

仓储管理工作的开展和生产管理的工作是同步进行的。在生产力发展过程中，仓储管理逐渐从生产活动中分离，成为一种专门的活动。因此，仓储管理工作的开展，还具有生产性的特点，仓储管理部门也是属于企业管理工作中的重要组成部分。在电力企业的生产管理过程中，做好仓储管理工作，对保证电力企业的综合效益，具有重要的意义。

一、仓储管理是保证企业生产过程顺利进行的必要条件

企业开展生产活动中，需要对原材料进行不断的加工和改造，在这个过程中，需要使用到一定数量的物资，同时，这些物资还要能够具有质量上的保障。只有在做好这些物资的准备工作之后才能开展正常的生产，保证生产的连续性。因此，需要在生产的过程中，能够按照生产的要求，提供及时的物资，保证物资的供应链条完整。只有对仓储活动进行科学的管理，做到物资储备数量合理，物资供应的连续顺利，才能做到以最省费用、最短时间，保质保量地保证生产的顺利进行。

二、仓储管理是企业管理的重要组成部分

企业开展的管理工作，涉及的内容有生产劳动、资金使用、生产计划、仓储活动等各方面。其中，仓储的管理工作，是重要的一个内容。仓储管理的工作开展，能够有效地保证企业的物资发挥最佳的使用价值，是物资流通的具体形式，没有物资流通即没有仓储和

运输，就不会有产品价值的实现，企业的利润也无法实现。因此，在不断提高企业综合效益的过程中，开展企业的管理工作，一定要重视仓储管理工作的开展，要不断提升管理的质量效率，能够从整体管理水平提升的角度组织开展工作，真正地实现低成本的仓储使用及高效益的企业价值。

三、仓储管理是保持物资价值和使用价值的重要手段

物资储备是物资在流通过程中的暂时停滞状态，这不仅对流通本身是必要的，同时对生产也是必要的，它对调节生产与消费之间的矛盾，促进商品生产和物资流通的发展，都是同样重要的。物资在进行储存的过程中，不能发挥出物资的价值，并且在长时间进行存储的过程中，还将受到社会条件和自然环境的影响，受到一定的损失，并有可能会丧失全部的使用价值。因此，要提高仓储保管的价值，能够通过仓储管理，真正地发挥出物资的使用价值，就要采取有效的措施和方法来保证储备物资不受损害，使其质量完好，使用价值不变。

四、仓储管理是提高企业经济效益的重要途径

在确保企业正常生产的基础上，要做好储备的合理控制。要尽可能地控制储备物资的数量，减少挤压资金，同时，也能够有效地控制仓储管理的成本投入。通过使用科学的方法，开展管理工作，能够有效地控制物资的数量，减少长时间存储过程中的浪费现象。同时，还要注意仓储管理和企业利润之间的关系应用，通过合理地控制仓储管理工作，不断提升企业的利润空间。因此，在提升企业经济效益的过程中，要确保开展科学合理的仓储管理工作，通过成本费用的控制，提升企业效益。

第二节　仓储管理的基本环节

仓储管理工作的开展，主要是为了更好地服务于企业的生产活动，但是，仓储管理活动的开展和企业生产活动的开展是不同的。物资在接收、入库、出库等一系列的活动开展，是仓储业务的主要工作。因此，在开展仓储管理过程中，要对整个活动的流程进行质量控制，保证管理工作的质量水平。其中，各个环节的有效管理，主要体现在以下几点：

一、物资接运

物资的接运工作，主要是物资采购部门在收到货物到达的信息之后，要保证货物的有效对接，安全接收。在这个过程中，要保证货物按照采购的数量、质量完全地接收。物资接运工作的开展，是仓储管理工作的第一个步骤，只有做好这个工作，才能保证后续的各项管理活动顺利开展。

（一）接运准备

1.核对资料凭证

核对资料凭证是制订接运工作计划的依据，只有这样才能保证接运工作经济、合理、及时地完成，具体包括：

（1）货物具体情况资料

查明接运物资的种类、性质、特点等具体情况，以便合理组织安排接运所需的劳动力、卸车及运输设备，并针对物资特性采取有效措施，确保接运工作的顺利完成和物资质量的完好。

（2）合同内容

熟知合同有关条款（包括货物规格、型号、数量、供货单位、供货方式、交货地点、时间、包装标准要求、责任划分及争议解决的方式等内容），有利于协调内部关系，合理安排内部工作，并能保证物资接运工作的质量。同时，在接运中发现不符合合同要求规定的问题时能及时、合理地处理，确保利益不受损失和仓储工作的顺利进行。

2.做好对外联系工作

与供货单位的联系，主要是为了认知货物的装卸搬运的设备方式以及技术实际开展措施，还要了解发车时间、发车数以及货物件数和单件重量等情况，为物资到库接收做好准备。

与到货铁路车站或内河航运港口联系，主动向这些单位介绍接收物资的品种、发货时间等情况，有利于磋商接、送和卸车等事宜，争取给予协助，以便于准确掌握到车预报、确报和送车时间、车号、卸车货位，便于及时接车和做好接车准备。

3.对内联系和准备工作

联系与接运有关的部门和人员，明确各自责任，协调配合，准备必要的装卸、运输机械和工器具；清理站台，确定并落实存货场所，备足所需的毡垫材料和其他设施，确保接运的顺利进行。

（二）接收理货

接运方式不同，接收理货的程序有所不同。物资接运方式有到货接收和提货接收两种方式。其中，到货接收包括两种形式：一是铁路专用线接货；二是送货到库的接货。提货接收也包括两种形式：一是到车站、码头提货接收；二是到供方地自提接收。现就不同的接运方式说明理货时应注意的事项。

1. 铁路专用线接货

（1）接车准备

专用线接货，一般是大宗物资，在接到专用线到货的相关通知之后，就要立刻对线路整体进行规划，并且确定卸车的位置，最大限度地缩短场内的运输距离，并且组织人力机器以及相关的材料，准备好卸车工作的开展。车站确报后，即接运员接到车站送车通知后，按照已定货位通知车站，同时准备到现场接车。

（2）检查交接

在车辆到达之后需要引导对位，然后对车外观进行检查，检查车卡车窗以及苫布是否有异常，依照铁路运输和相关单位的资料，对货物的名称、要求、规格、数量进行核对，并且确认货物的包装是否完好，有没有出现损坏或者散包的问题，还要检查货物是否有进水以及受潮等其他的损坏问题。如果在检查过程中出现了问题，就需要及时让运输部门进行复查，并且做出商务与普通记录；要关注记录的内容，一定要与实际情况保持一致，确保后续的交涉工作顺利开展，检查完之后才能卸车。

（3）卸车

卸车过程中一定要关注安全问题，为了确保后续的入库以及存储具有良好的条件，要首先分清商品名称与规格，将货物不混放、不碰坏、不压伤，使包装完好，根据物资性质合理堆放，必要时采取适宜的垫衬和苫盖，避免物资日晒雨淋和受潮。卸车时，不得自行打包拆装，若发现包装损坏，则应另行堆放或做标记。卸车后在物资上应标明车号和卸车日期，查看、清理车厢，防止遗漏。

（4）编制卸车记录

一定要明确卸车的位置和商品的物资名称、规格数量以及验证相应的证件材料，使管理人员能够清晰了解卸车情况，从而完成内部交接手续。

2. 车站、码头提货接收

（1）提货

提货员在接到货物通知以后，应及时将人员、运输、卸车工具设备等组织好，按照车站、码头货物运输规定，持有关证件和运单前往车站或码头到达货物所在货位地点，办理提货手续。提货时，实施交接验收，要到货物的接运现场进行外部审查，依照承运部门的运输单以及相关凭证，对货物的包装进行检查，并且认真仔细看货物是否有水渍和油渍，详细核对品名、规格、数量、重量和外观包装等，发现不符或少残损时，应及时要求承运方共同检查。根据问题的性质，分清责任，按责任范围填制商务记录或普通记录，无异议后，方能办理交接手续，进行提货。

（2）装运

从车站、码头提货到仓库过程中应按照物资性质，正确装运、卸货，注意物资安全，确保物资质量完好，文明装卸，不混放，不碰坏、丢失物资；采取适宜装载加固措施，不超载超速行驶，确保物资运输途中的安全。物资提运完毕后，应查看并清理现场，防止漏装、错装。

（3）交接

物资接运回库后，要及时地处理内部交接工作。交接过程中提货人员要和保管人员共同交接。交接的时候，提货人员要尽可能地配合保管员，在提货、运输、验收、入库过程中顺利开展工作，从而有效地减少验收入库耗费的时间，提高作业效率。

3. 送货到库接货和到供方自提接收

无论是送货到库，还是到供方自提，提货员和仓库管理员都要与物资的验收工作结合起来。提货员提货时必须清楚所提物资的性能、规格、数量，准备好机具、人力，在供方当场检验物资数量和质量，并做好记录，以便交管理员复核。对供方送货上门的物资，仓库管理员应当立即验收，发现问题，可及时交涉处理。

（三）办理交接

无论以何种方式运输和接运，理货完毕后都必须进行对外、对内的交接工作。

1. 对外交接

理货完毕后，若无异议，应与承运方一起在交接单上签字，表示双方交接完毕。若发生异议时，应共同填制相应"记录"，分清责任，准备办理索赔。

2. 对内交接

物资清点核对完毕后，接运员及时填写"交接单"，并等待验货员与保管员共同对物资进行核对与交接，将有关资料移交保管员，及时办理交接手续。

在对物资进行接运的时候，不管使用的是哪种接运模式，都需要考虑到接运和验收以及入库工作同时开展，以节省时间，提高仓储作业效率。

二、物资验收

物资验收的含义通常有两个：第一个是对物资进行一些检查，也就是我们所说的验收，而第二个则是对物资的实际质量以及化学性质进行化验和检查，我们称之为检验。

验收需要依照相应的程序标准对物资的数量和外观以及质量进行检查，还要检查相关的技术资料以及物资标志等，以确保物资能够满足合同中所规定的相应要求，通常情况下由以下四个流程构成：

（一）验收准备

为了确保验收工作的顺利实施，准确开展提升验收工作实际效率，就要对验收环节的准备工作进行完善。具体包括：

一是收集、整理并熟悉验收凭证及有关资料；二是依照需要检验的物资性质特征以及数量确定物资需要存放的仓库以及保管模式；三是准备一些毡垫需要的材料和搬卸需要的机器设备与人力，针对一些特殊物资，还要提前做好相应的防护设施准备；四是依照相关的要求准备，并且校验相关的验收工具，确保计量准确；五是对进口物资，应及时通知有关商检部门，一起做好物资检验的准备。

（二）核对证件

但凡入库的物资都需要有以下这些证件：第一个是物资部门所提供的通知单以及订货合同与协议书；第二个则是供货单位所提供的产品合格证以及质量证明和发货明细表等；第三个则是部门所提供的运输单以及普通与商务记录等。一旦在核对过程之中发现了证件不齐全的问题，就绝对不能验收入库，要作为待验收入库的物资进行处理，单独地临时存放并且保管，然后通过和相关单位的联系，尽可能地使相关证件齐全，等证件齐全之后再进行验收和入库手续办理。

（三）实物验收

实物验收包括质量验收和数量验收两方面。

1. 质量验收

质量验收是对货物的外观以及质量进行检验，在收到物资之后需要首先依照质量要求进行检验，防止一些质量不合格的物资入库。而在质量验收过程中，通常需要验收人员通过自身的感官，对物资的外包装以及外形和物资是否存在一些潮湿进水和污染的问题进行验收，在检查过后一定要及时详细地做好检查记录并且填写检验记录单，一旦是需要化学或者物理性质检测的物资，或者针对一些进口物资的检测，则需要和商检局共同进行检验工作。

2. 数量验收

数量验收的含义是：按照合同以及协议相关的规定，用入库通告单与运输单和发货明细表，对到库的物资进行核查，以确保物资的数量没有存在短缺问题的有效方法。在数量验收工作开展时，也要依照不同的物资选择相应的验收方式数量。验收的方式主要有以下几个：第一个是检斤，也就是去检测物资的重量；第二个是检尺，也就是去检测物质的长宽高以及体积，然后换算；第三个是点数，也就是清点物资的总体数量以及相关成套的设备数量等；第四个是复核检验通过使用两种或者两种以上的验收方法进行检验。而数量验收的方法有以下两种：第一种是全验，就是对所有的物资进行检查，通常情况下，在数量不大的时候都需要进行全验；第二种是抽验，就是通过抽样的模式对一些物资进行检测，通常抽查率在 20%~30% 之间，实际的抽查比例，需要按照货品的实际数量和现场状况来决定，在抽查过程中一旦出现问题，就需要扩大抽查的范围，或者进行全验。

在实物验收中，如发现质量或者外包装不符合相关要求，就要把不合格的物资单独存放，然后妥善保管。和供货方及时取得联系，然后尽快处理问题，如果发现数量不符合要求，如果损耗在规定范围之内，那么仓库就直接按照实际验收的数量进行入库，但是如果超出了规定范围，就要与供货商进行沟通交流，在过程中不能动这个物资，需要进行复检。而如果是由于运输部门所产生的物资损坏或者数量减少等问题，就要及时地填写索赔单，然后和运输部门的货物记录核对，共同在规定范围内向运输部门提出索赔要求。

（四）做出验收报告

验收之后需要立刻制作验收报告，制作报告中需要有物资的名称、规格、供货方、运单号、到达日期、验收日期、应收数量、实收数量、抽查状况、包装破损问题等等。一旦遇到问题就要及时地标注问题以及原因分析，然后给予运输部门的现场验收相关资料。

三、物资出入库

（一）物资入库业务管理

在物资入库的时候，管理工作者需要依照物资入库凭证，在接收入库物资的时候首先进行组织规划各项业务工作，在物资通过验收确定合格后，再办理入库手续。入库管理的工作内容就是建设入库的物资明细账单，并且保管相应的物资技术档案。

1. 登账

仓库全部物资都需要建设相应的明细账，也就是物资保管账。物资明细账，通常是仓库对物资的存储进行记录以及动态了解的方式，也是对物资进行核对以及保管确保账目相符的依据。物资明细账需要依照收发业务的开展而及时记账，在登销量料账的时候需要运用正式的收发凭证为依据。

2. 立卡

材料卡片属于一种实物的标签，上面需要写上物资的名称、规格、型号、价格、用途、入库日期、实际数量等，而卡片通常都会直接挂在货位上，便于后续的核对与管理工作。

3. 建立物资档案

物资档案也是对物资技术资料和出入库相关资料进行记录的档案，需要包括物资出厂时候的凭证、质量检验证书，以及入库验收资料和技术检验证件、物资保管期间的检验记录、库内外温湿度记录；有关的科学试验资料；等等。建立物资档案为更好地管理物资提供了技术资料，便于科学管理。依照物资业务技术档案，需要准确认知物资在入库之前以及保管阶段和出库活动之中的数量、质量变化情况，并且采取相应的管理措施与方式，积累更多的仓储管理经验，确保管理质量得到提升，使物资档案能够一物一档。资料可分类建档，并设专人管理，统一编号，便于查阅。

物资入库的时候一定要考虑到质量、数量以及单据，严格开展管理工作，确保入库的物资及时安全并且准确。

（二）物资出库业务管理

物资出库业务通常情况下是仓库依照出库的凭证把需要使用的物资发给相应的部门而进行的业务活动。出库属于仓库活动的最终阶段，也说明物资储存阶段结束以及发运阶段的开始。

1. 物资出库业务的要求

第一，物资出库应贯彻"先进先出"的原则。出库物资应按入库时间的先后，安排好出库的顺序。对有保管期限的物资，应在期限内发出，以防物资变质。

第二，物资出库时，出库凭证和手续必须符合要求，非正式凭证或白条一律不予发放。

第三，提高出库质量和服务意识，对出库物资采取包装、打捆等保护措施，方便用户。

2. 物资出库方式

（1）发货方式

用户（或领料单位）凭已经批准的物资用料计划或用料申请，经过一定手续，自行到仓库提货，即领料，仓库根据出库凭证发货。

（2）送货方式

仓库根据存货单位（或主管部门）开出的提货单或出库单进行备料后，将物资直接送到用料单位或收货单位。

（3）代运方式

对需要运送到外地去的物资，由仓库备货后，通过运输部门托运到用户单位或收货单位。

3.物资出库业务程序

（1）核对出库凭证

仓库发放物资必须有正式的出库凭证，核对凭证由仓库的保管人员负责，经核对与库存物资明细账的各项内容相符，检查无误后方可备货。

（2）备料

备料有两种形式：一种是在原货位将应出库的物资按量备料，无须装卸搬运作业，但必须划清标记界限；另一种形式是备齐物资的品种、数量，送到待发场所等待装车发运。

出库物资均应有技术证件（如质量证明）复印件，原件一般由仓库保存。如果是机电设备、仪器仪表等附带的使用说明书、产品合格证，则将原件随货发出。

（3）复核查对

备料后以及装车时，为防止可能出现的各种差错，必须进行复查，主要内容包括：出库凭证以及物资的数量，规格质量是否符合要求，技术证件是否完善，物资的整体包装是否牢固，等等。复查形式应视管理条件而定，可采取保管员自己复核，或保管员之间交叉复核，或由运输员复核，也可采取专职复查人员负责。

（4）清点交接

复核没有问题之后就可以发货，如果是用户自提则需要把与物资相关的证件直接交给提货员，并且做好交接手续；如果是代为运输，就需要办理内部交换手续，让保管人员向负责包装的运输人员进行沟通。

（5）清理销账

发货完毕后，应及时登销料账，清理单据、证件，并清理现场，整理货堆或货架。

第三节 物资的保管保养

物资在经过检验之后，完善入库手续，开始进入物资的保管阶段。在这个过程中，物资的保管保养工作是保证物资质量和数量的基础。因此，物资保管保养工作的开展，是仓储管理工作的重点。物资在进行保管保养的过程中，要根据不同仓库的使用特点，选择存放不同的物资，确保物资的安全。

一、物资保管的方法

（一）分区分类保管

这种保管方法的使用是最基本的，也是最常用的。根据物资的使用特点，结合不同仓库的实际存储条件，对不同的库房进行物资的存放，还要将不同库房中存放的物品进行平面图的绘制。这样能够更直观地显示哪个仓库存放的是哪些物品。其中，在进行分区分类保管方法的使用过程中，还要注意以下问题的解决：

第一，要保证仓库的保管条件符合物资保管的要求；第二，要保证物资在进行装卸保养的过程中，能够有相关的设备使用；第三，要能够对物资的出入情况、流转情况进行提前测算，保证仓库的规模与物资存放的需求相一致。

（二）货位规划

货位规划，是在分区分类保管的基础上进行的。合理进行货位规划，可以提高仓库的储存能力，有利于在库物资的质量良好和安全可靠以及物资的管理。

1.货位布局

库内货位和货架的布置，一般有横列式、纵列式和纵横列式、倾斜式。

2.货位编号

货位布局后，为了确保存放和便于保管，应对货位进行统一编号。我国多采用"四号定位"法来确定一个货位的位置：即第一位数字标明库房或货场的编号；第二位数字标明库房内货架编号或货场内分区的编号；第三位数字标明库房内货架的层次或货场分区内的分排编号；第四位数字标明库房内货架上货场的位数或货场分区内货物的垛位号。

（三）物资检查与盘点

作为储存以及供应物资的仓库，需要每天对物资入库出库活动进行开展，再加上物资的种类较多，规格也复杂，为了确保整体物资储存数量准确，质量完好，就需要确保账、卡、物保持一致，需要在物资存储期间经常进行检查与盘点。

1.物资检查盘点的内容

物资检查盘点的内容是查数量、查质量、查保管方法、查保管期限和查安全。

2.物资盘点的方法

物资盘点是指对在库储存保管的全部物资进行账、卡、物三方面的数量核对的一项管理工作。一般有以下几种形式：

（1）动态盘点法

亦称永续盘点法，是指保管员有计划地对有收发动态的物资数量和品种，循序进行盘点的方法。

（2）循环盘点法

是指有计划地对储存物资一部分一部分地循环不断地进行盘点的方法。

（3）重点盘点法

是指对储存保管的 A 类和 B 类物资进行定期清查的一种盘点方法。

（4）全面盘点法

是指对储存保管的全部在库物资进行全面的定期清查。

二、物资的堆码、苫垫

（一）物资的堆码

物资的堆码就是指在存放物资时，根据物资及包装的几何形状、性能特点、重量、数量等情况，并结合保管环境条件、储存时间等因素，将物资堆码成各种不同垛形的方法。

堆码的基本要求有：

一是确保物资的质量，没有受到损失，存储安全满足物资性能需求。二是确保物资的外包装完整，定期地对存放问题进行过数。三是确保装卸方便并且能够顺利进出。四是便于清查整体数量以及检查质量情况。五是要加强对仓库环境以及面积的运用，在确保物资质量不受损前提下，尽可能地使仓库的利用率提升。六是提升堆码作业的机械化效率。总而言之，想要更加完善合理，便利，节约劳动力，对物资进行保管就需要在堆码时采取五五化堆码方式，能够使用五五化堆码的物资都使用五五化堆码，这样堆码更加美观，并且检查与盘点的时候便利，可以有效减少技术差错的问题出现。

（二）物资的苫垫

物资的苫垫，是指为避免或减少各种自然因素对物资产生的不良影响，在物资上面加盖一些苫盖物，在物资的垛底加设衬垫物。

1.物资的苫盖

存放在露天货场的物资，为防雨、雪、露水及日光的侵蚀照射，必须加以苫盖。苫盖时垛顶必须适当起脊，以免积水渗入垛内。苫盖材料不能苫到地面，以免妨碍垛底通风。垛形高大时，垛上应设通风口，湿度大时应注意防止垛内物资上产生冷凝水。

常用的苫盖方法主要有以下几种：

（1）简易苫盖法

把苫盖物直接盖在货垛上面，适用于屋脊垛形和大件包装的物资，可用苫布、油布或塑料布等。

（2）鱼鳞式苫盖法

把苫盖物自货垛的下部向上围盖，从外形看似鱼鳞形状，常用苇席、油毡纸、铁皮等。

（3）棚架式苫盖法

根据堆码的垛形，用苫盖骨架与苫盖物合装成房屋形状，以此苫盖货垛。

2.物资的衬垫

衬垫是指根据物资不同的保管要求，按垛形尺寸和货垛总重量以及地面负荷条件等，在垛底放上适当的衬垫物，以防止地面潮气的侵入，并使垛底通风，保证物资保管的质量。

常用衬垫物有枕木、垫板、水泥块、石块等。一般来说，露天货物的垫垛要高出地面 300 ~ 500 mm，库房为 200 ~ 300 mm，具体的高度要视地势的高低、排水能力的大小、地面载荷程度等而定。

三、物资的维护保养

（一）变压器

第一，应经常检查是否漏油，防止油的老化。变压器的充油高压瓷套管应竖立在专用架子上保管，以免漏油渗油。在保管期间，对变压器各注、放油阀门，不要任意开动。油面降至最低油位时，应补充同一规格合格的变压器油。箱盖上的固定螺丝要紧固，以防油与空气和潮气接触。

第二，为预防金属件生锈，可涂上防锈油脂或工业凡士林，外壳漆皮脱落可涂原来颜色的油漆以防蚀。散热器的扎眼应用阀头密封，以免潮气、杂物侵入。冷却器及油泵的油应放尽，所有进出口法兰均应设法封好。

第三，变压器上应保持清洁，如积有灰尘应用清洁的布拭。

第四，为防止瓷套管受到撞击面破损，可用麻包、木板包扎保护。

第五，长期储存的变压器，每半年应测量一次绝缘电阻。

（二）高压电气设备

第一，高压电气设备中，导电部分的绝缘支柱、引线套管及操作机构的隔电部件，避雷器的外壳、隔离开关的绝缘子、电力电容器的套管等一般都是电瓷制品，其特点是易碎。对高压来说绝缘要求很严格，因此，高压电器应储存在能防剧烈震动、能防机械性撞击的地点。

第二，高压电器设备中的绝缘材料种类很多，如有机玻璃、层压制品、纤维板、云母制品等。绝缘材料的特点是怕潮，受潮后就会大大降低绝缘性能，影响质量。因此，高压电器设备应存放在阴凉、干燥、通风的地点，并采取一定的防潮措施。

第三，高压电器设备长期储存时，应定期检查螺杆的螺级部分及轴销、触头及摩擦部件等，均须采取防护措施。

第四，存放位置要牢固，防止倾倒损坏设备。

第五，根据产品性质分别入库或露天存放进行保管。

（三）轴承

第一，轴承保养的基本任务是使轴承不生锈。生产厂生产出的的轴承均经过严格的油封，其防锈期一般可保证 1 年，因此，对库存轴承每隔 10 ~ 12 个月必须重新进行油封才能防止不生锈。

第二，存放轴承的仓库最好与其他物品隔离，绝对禁止和化学物品存放在一起，库房的温度应保持在 5 ~ 25 ℃的范围内，24 小时的温度差不允许超过 5 ℃，空气相对温度不得大于 60%。

第三，轴承应定期检查，发现有轴承生锈时应检查全部轴承，找出生锈原因，并立即除锈和采取防锈措施。

第四节　仓储管理现代化

一、仓储管理现代化要素

（一）仓储管理人员的专业化

在科学技术不断发展过程中，开展仓储管理工作的人员，需要掌握更先进的技术，并且具备相应的知识水平，在专业技术的应用中，才能开展现代化的专业仓储管理工作。在保证仓储管理人员专业化的过程中，一定要对现有的仓储管理人员进行不间断的技术培训、知识培训，要能够真正地结合仓库的建设、仓库的管理等角度，开展现代化的知识学习，确保仓储管理人员队伍的综合水平不断提高。只有在专业化、科学化的人员队伍保障中，才能不断地提高仓储管理活动的质量水平，发挥出仓储管理工作的价值。

（二）仓储管理方法的科学化

在开展仓储管理工作过程中，还要体现出科学化的特点。比如，开展储运的管理工作，一定要保证符合物资储运的规律，要能够使用最先进的技术、最先进的设备，开展储运管理，只有这样才能有效地控制储运成本。另外，在开展科学管理过程中，还可以通过使用定量管理的方法，对仓库的管理工作进行科学分类，通过控制库存的理论实践方法应用，真正地将数学的科学方法，广泛地应用在仓储管理的各方面，以此收到良好的效果。

（三）仓储管理手段的现代化

电子计算机应用到管理中，代替人的计算和控制，不仅可以把人们从烦琐的计算中解放出来，更重要的是电子计算机运算快、准确、及时，能大大提高管理工作的效率，而且具有存储数据和逻辑判断等能力。运用电子计算机进行仓储业务管理、库存控制、作业自动化控制、信息处理等，能达到快速、准确的目的，提高作业效率。

二、自动化立体仓库

（一）自动化立体仓库的分类

1.按仓库的建筑形式分类

分为整体式自动化仓库和分离式自动化仓库。

2.按仓库高度分类

仓库高度在 12 m 以上为高层自动化仓库，仓库高度在 5 ～ 12 m 之间为中层自动化仓库，仓库高度在 5 m 以下为低层自动化仓库。一般仓库高度在 5 m 以上才称为"立体"仓库。

3.按仓库容量分类

托盘数量在 2000 个以下的仓库为小型自动化仓库，托盘数量在 2000 ～ 5000 个之间的仓库为中型自动化仓库，托盘数量在 5000 个以上的仓库为大型自动化仓库。

4.按控制方法分类

分为手动控制的自动化仓库和电子计算机控制的自动化仓库。

5.按货架形式分类

分为固定货架式自动化仓库和重力货架式自动化仓库。

（二）自动化立体仓库的设施

自动化立体仓库由仓库建筑、高层货架、堆垛设备、周边设备和控制系统等组成。

1.仓库建筑的高层货架

仓库建筑和高层货架是存放单元货物、安装各种设备和完成进出库作业的场所。一般仓库建筑和高层货架的投资约占自动化立体仓库总投资的 50%，甚至更多。在自动化立体仓库中货架结构的精度和地基的不均匀沉降，还直接影响堆垛起重机的自动化作业，因此，也是实现自动化的关键因素之一。

高层货架有各种类型。按建造材料不同，可分为钢结构货架、钢筋混凝土结构货架、钢和钢筋混凝土混合结构货架等；按货架的载货方式不同，可分为棚板式货架、横线式货架和组合货架等；按货架的高度，可分为低层货架、中层货架和高层货架。

2. 堆垛设备

堆垛设备是完成存取作业的主要机械设备，最常见的有巷道式堆垛起重机和高架叉车两种。

（1）巷道式堆垛起重机

巷道式堆垛起重机具有沿空间三坐标方向运动的机构，以完成向货架内存取托盘货物的作业。运行机构使堆垛机沿 X 方向在轨道上移动；起升机构使载货台连同货叉伸缩机构、司机室一起沿 Y 方向在立柱上升降；货叉伸缩机构使货叉连同半载在货叉上的托盘货物沿 Z 方向伸缩。

（2）高架叉车

高架叉车是一种特殊的叉车，其运行机构和起升机构与叉车相仿，使叉车和货叉分别沿 X、Y 方向运动。但为了减小平衡重式叉车的直角堆垛通道宽度，在叉车的前部增加了货叉回转机构和货叉伸缩机构，通过这两个机构的运动，叉车不必进行直角转弯就能使货叉向左、右两侧（Z 方向）的货架内存取货物。此外，为了提高仓库的空间利用率，其起升高度一般为 4.5 ~ 9 m，比普通叉车要高得多。

3. 周边设备

仓库的功能除使用堆垛起重机向货架内存取托盘货物的作业外，还具有以下多种作业功能，即对货物的验收、码托盘、入库前的尺寸检查、出入库输送机的运送、拆托盘、分类、装车、发运等，这些作业设备统称为仓库的周边设备。

4. 控制系统

电子技术水平明显提高，这也使得计算机在仓库空置中起到了愈加重要的作用，借助控制系统，可以实现仓库的自动化作业。例如，指挥中心可以指挥整体的自动化作业，在搬运工作中，可以按照预定标准指挥仓库内的设备，完成搬运工作。

三、电子计算机在仓库管理中的应用

电子计算机在仓储管理中的应用范围很广，概括起来主要有两方面的应用，即电子计算机在仓储生产管理中的应用和对仓储作业的自动控制。

（一）电子计算机在仓储生产管理上的应用

电子计算机是高速处理信息的先进工具，物资仓储部门绝大部分工作实际是进行信息和数据处理，所以，电子计算机被广泛应用于仓储管理的各方面，如库存管理、资金管理、统计管理、计划管理、合同管理等。使用电子计算机进行库存管理，应具备入库处理功能、出库处理功能、建账功能、报表输出功能和查询功能。

（二）电子计算机对仓储作业的自动控制

1. 对储存物资环境条件的自动控制

通过传感手段，将储存环境中的日照、温度、湿度等信息输入计算机。计算机可以对相关信息进行准确的核实与处理，并将控制结果反馈到各个执行设备处，指挥执行设备，按照预定的指令完成后续的流程，也能调节现有的储存环节，就做好物资的维护与保养工作。

2. 对仓储作业机械的自动控制

计算机可以在仓库中控制各个作业机械，例如，起重机、叉车、运输机等，通过对这些设备的控制，完成物资从入库到出库的整个流程。电子计算机可以控制起重机完成对系统信息的接收和后续控制工作，控制相关设备，完成货物的存取。对信息统计，无论是入库信息还是出库信息，都可以根据实际内容完成相关信息的记录，并将这一信息记录传递到计算机控制中心，经过控制中心确认之后，执行后续流程，完成对仓储内部的各项作业要求。

第五节　电力物资库存管理方法

电力行业是我国机电设备、机电材料、机电备件使用的主要行业，在每年的采购工作中，都有大量的资金使用。在长期以来的发展过程中，电力企业普遍存在着物资的积压现象，其中库存成为制约电力企业发展的主要因素。在电力企业不断改革的过程中，电力企业针对长期以来的库存积压现象进行了创新，通过改善管理的模式、方法，取得了一定的效果。

一、"零库存"

（一）"零库存"管理概念

"零库存"是一种极为特殊的库存方式，主要是企业在正常生产经营过程中，物资储备管理上出现了一个特殊的情况。对物资可以选择"零库存"方式，这也是物资管理的一种手段。从账目体现上为"零"。

"零库存"可以分为不同的形式，如委托保管方式、协作分包方式、轮动方式、准时供应系统、看板方式等。"零库存"的特点决定了其库存账目为"零"，无论是人力还是资金方面，都明显降低，严格控制成本，而且可以根据具体的需求进行物资上的供应。对企业而言，其物资储备不需要花费大量的资金，可以实现资金的有效周转；对供应商而言，也能占据稳定的市场份额，并不会担心产品的销售问题，这也可以实现从供需双方角度出发的双赢方式，这也是近些年来电力企业采购物资时所选择的主要管理类型。

为建立与供方长期互利的战略同盟关系，需要积极倡导"诚信为本、互利为宗"的经营理念，双方本着"平等自愿、互惠互利"的原则，签订"零库存"供货协议，由供方保质、保量、按时送货，需方根据生产消耗情况，全面实施实时结算制度，原则上每月结算一次，料完款清，从而达到促进供需双赢的目的。

（二）实行"零库存"管理的基本做法

为使"零库存"管理发挥其应有的效力，需要不断规范采购工作程序，建立业务运作流程，以保证"零库存"采购达到满意效果。

1. 明确"零库存"采购范围

结合电力生产的具体要求，一般电力企业的库存品种多达上万余种，规格近 10 万个，且物料消耗规律性不强、单品种采购批量小，实行"零库存"管理不可能一蹴而就。为此，应本着"保障供应、方便用户、便于结算"的原则，根据物资的重要程度、使用时间、使用方向和社会资源情况，确定"零库存"采购的范围为：已实行招标竞价采购的物资；采购供应批量大、占用资金量大的物资；月消耗量较稳定的通用物资；便于储存、短期内不易变质、受潮、霉变、失效的物资；通用物资。

2. "零库存"采购的方式

目前，主要以委托保管方式实行"零库存"，即供方将其一定数量的物资存放在需要方仓库，由需方代为保管、发放，将过去采购物资进厂即入库结算，改变为生产部门领用后再办理结算，保持仓库账、财务账上的物资储备资金为零。其基本采购程序为：

第一，根据使用单位的申报计划或物资前 3 年的平均消耗量下达季度、半年度、年度"零库存"采购计划。

第二，依据采购计划与供方签订"零库存"供货协议，明确所供物资的名称、规模型号、数量、价格、交货日期、结算方式、付款方式等双方应承担的责任和义务，协议有效期为 1 年。

第三，依据协议对入库的"零库存"物资进行预验收，预验收合格后开具入库凭证，并建立预验收台账。

第四，仓储部门凭预验收入库单和随货资料，分厂家、分品种、分货位保管库存物资，并按"先进先出"原则发放。

第五，月末，按仓库实际发放的物资数量与供方签订买卖合同，按合同开具验收单，仓储部门则凭验收单分别建立实物保管账。

第六，按生产部门"零库存"物资的实发数，通知供方开具增值税发票，并核对分批发放的零库存物资，确保分批开具发票全部数量的总和与合同数量一致。

第七，采购部门核对合同、入库验收单、发票上的物资品种、规格型号、数量和价格后，交财务部门付款结算。

3. 建立科学的供应商评价体系

物资管理部门，要对物资的供应方开展全面的评价。主要通过现场与资料相比的评价方法应用，对供应商家进行评估，保证"零库存"管理方法的有效应用，真正地发挥出供应商安全提供物资的体系作用，帮助用户完成满意物资的采购工作。

（三）建立监督约束机制，规范管理

1. 健全管理制度

为保证"零库存"管理能够有效地发挥作用，一定要在现代管理制度的内容中，制定健全的管理制度。要对"零库存"管理工作中的操作程序、员工行为进行严格的制度规范，保证该项管理工作有序地开展。

2. 加强信息管理

针对库存物资品种繁多、规格型号复杂、动态变化频繁等特点，加强信息网络管理，建立计算机内部局域网，将采购计划、验收、入库、领料、出货和退货等作业联机，以便及时掌握"零库存"物资的消耗及库存动态，实现信息在物流各环节的快速、实时、准确传递，从而达到提高运作效率和管理效能的目的。

3. 加强监督考核

为确保政令畅通，维护"零库存"采购的严肃性，应在制定库存考核指标、严格规定最高资金沉淀额的基础上，每月对"零库存"实施情况进行检查，并深入开展成本分析，总结经验，改进措施。对违反制度的员工进行严肃处理，赔偿因库存上升造成的经济损失，直至下岗处理，增强员工的责任心和进取心，从而确保效益的最佳兑现。

（四）对进一步完善"零库存"管理的思考

"零库存"采购是一项复杂的系统工程，涉及方方面面。尽管在实行中取得了一定成绩，但也存在一些制约因素，影响零库存管理的全面铺开，值得在今后工作中加以思考与改进。

1. 实现供应链企业的无缝连接

为减少不确定性因素对库存的影响，需要增加企业间库存决策信息的透明性、可靠性和实时性。需方要积极运用电子商务活动，建立与供应商快速反应库存补充体系，实现"即订即供"高效的供货模式，节省在途和备货时间，消除无效和冗余物流，以提高采购效率及效益。

2. 提高现金承付能力

资金问题是制约"零库存"采购实施成功与否的关键因素，如果协议上承诺的付款期无款可付，将影响其实现率。因此，在条件许可的情况下，要进一步提高现金承付能力，保证按期、及时结算，树立企业的良好信誉。

3. 延伸采购领域

在买方市场社会资源充足的有利条件下，应根据经营特点，稳步推进"零库存"采购，进一步扩大覆盖面，加大实施力度，逐步向全面实行"零库存"管理的目标迈进，最大限度地实现"零库存"供料。

一是推行"直供"式"零库存"采购供应，即对数量较大的专用物资经需方验收后直接送到用户手中，减少二次倒运；二是对非标备件采用轮动方式或准时供应，与国内有实力、有信誉的机加工企业建立长期战略合作伙伴关系。

4. 准时供应系统实现"零库存"

逆着生产工序，由顾客需求开始，订单—产成品—组件—配件—设备材料，最后到供应商。具体来说，就是企业根据生产组织物资供应，逆着生产工序要求企业供、产、销各环节无缝配合，大大降低物流过程中的库存及资金积压，使整个物流实现准时化和库存储备最小化。

5. 提高采购人员的专业水平

现代科技日新月异，新技术、新材料的大量涌现，对采购人员的素质提出了更新、更高的要求。因此，要采取"请进来、走出去"及举办培训班、召开经验交流会等各种途径，加强员工业务培训，以适应新形势下"零库存"采购的需要。

二、物资超市

物资超市就是将物资集中、统一控制，使物资管理由多个管理集中成一个管理点，既减少了分散管理造成的浪费，又能盘活大量资产，使企业可以随时掌握企业内部真实的物资储备总量，便于调节余缺，促进物资管理实现可控在控。物资超市管理，既是一种管理方法，更是一种经营机制。

超市因其大量商品的敞开式供应，顾客可以自由选择而备受人们的青睐。目前，国内零售业的发展已越来越倾向于这种形式。

物资超市的运转方式与商业超市类似，但管理更专业化。目前，部分电力企业采用的物资超市管理模式，是本着"方便生产、保障供应、有利管理、降低储备、加快周转、提高效益"的原则，实行厂用物资集中管理、统一结算。其具体方式为：

（一）物资统管

取消二级库和班级小仓库，将企业所有物资（包括多种经营和后勤）都统一于超市集中管理，物资公司是企业物资管理的职能部门，负责物资超市的管理。

（二）超市构成

超市由五部分构成：非上报物资设立自选区，代管物资的备品配件设立备品区，代管物资中的设备设立设备区，劳保用品设立一个区，为厂家提供一个展销区。

（三）专款专用

建立企业内部银行，将部门承包使用的各项费用按用途分类设卡，不能挪用和混用。各部门以审批后的费用卡在超市购物，划卡结算。超市实行购物自选，自选物资领用与结算同时进行。

（四）微机管理

对进入物资超市的物资均实行POS条码管理，输入微机，超市电脑和企业内部联网，具备结算、统计、分类、汇总、分析等功能。自选物资清单在MIS网上公布，用户在网上选用，带卡直接去超市选购。

（五）售后结算

自选物资大部分由供货厂家提供。企业与供货厂家签订代销协议书，实行代销代存，售后与厂家结算，积存部分退还厂家。如果物资清单上没有的特殊物资，需要的部门则要采用订单的形式上报，审批获准后，企业会专门进货到超市，需要的部门便可到超市划卡领用并结算。

物资超市管理是一个新生事物，任何新生事物的发展都有其不断完善和提高的过程。随着电力市场化运营、"厂网分开、竞价上网"改革的不断深化，相信物资超市这一企业物资管理的新模式将在有条件的电力企业中得到推广。

三、联合库存

联合库存就是企业之间根据各自企业的生产特点、所在区域位置等情况，通过"协作网"构建的库存方法。

电力企业是资金密集型企业，在过去"重生产、轻成本"的经营思想影响下，为了保证不因物资供应影响电力生产，许多电力企业不得不预备足够的经营储备，即周转库存。而保持一定的周转库存往往需要大量的资金，同时，库存使投资资本积压，存在与库存价值相联系的一定的机会成本。不仅如此，库存还需要宝贵的空间和维护库存所需的人力、物力和财力。因此，通过联合库存这种方法，可以在保证电力生产经营需要的前提下合理地降低库存，降低生产成本。

（一）联合库存的形式

1. 发电企业之间的联合库存

主要是发电企业之间根据装机容量、机组设备的规格型号等状况，对机、电、炉、热等主要设备的备品配件开展联合库存。在权利和义务对等的条件下，发电企业之间进行合理分工，根据各自企业的实际情况，储备一些有主导优势的备品配件。通过建立的信息平台，将各发电企业备品配件的储备状况以及通用性较强的物资信息在企业之间共享，从而改变过去由于各企业之间无论是在所储备品配件的种类、数量上，还是在物资需求信息的管理上，互不沟通，企业之间难以开展调剂的状况。

2. 电力企业与制造企业之间的联合库存

将电力企业在生产经营活动中常用的一些通用性较强的物资（如电缆、阀门、输煤皮带、专用设备等），通过合作的方式储存在机电产品的生产厂家。在保证信誉、价格、质量的基础上以协议的方式，明确双方各自的权利和义务。对入网企业实施动态考核，每年进行评议，实行末位淘汰，对被淘汰的企业即取消入网资格。

（二）联合库存的作用

一是可以发挥联合优势，增强市场竞争能力；二是减少采购成本，降低库存费用，缩短采购周期，保证电力生产所需配套产品的及时供应；三是密切电力企业与生产企业的联系，加强企业间的协作；四是可以为电力生产提供完善的服务，提高企业的经济效益。

第五章　电力企业人力资源管理

第一节　电力企业人力资源管理基础

一、人力资源的含义

企业活动中的基本资源（或要素）通常有五种，即人、财、物、信息和时间。若把这五种资源（或要素）按其本质加以归类，又可以分为两个大类，即物力资源和人力资源。

物力资源主要是由各种物资资源，例如，水利、矿产以及土地构成，再通过加工生产原材料，过程中还包括生产中所衍生出的各种信息和作为经济活动的货币以及相应的人力、物力投入等，由此可见，物资资源也属于经济活动开展的必备条件，如果没有物资资源，那么就无法进行经济活动。所以，物资资源的特征更为被动，并且具有物理性特征，是符合物理性规律的。与物力资源相比，人力资源的特点表现为能动的、感情的和软性的。

人力资源管理学家从不同的角度对人力资源进行了论述，相互之间差异较大，比较有代表性的有以下几种：人力资源是人类可用于生产产品或提供各种服务的活动、技能和知识；人力资源是企业内部成员以及外部的与企业相关人员，即部门经理、雇员、合作伙伴和顾客等可能提供潜在合作与服务及有利于企业预期的经营活动以及人力资源的总体；人力资源的含义是能够整体推动经济发展以及社会发展的，拥有智力与体力的人们的综合体，它主要由数量和质量两方面构成，也就是人力资源能够推动经济发展，能够提升劳动者的能力，就是在劳动年龄已经进入建设或者还没有投入建设的人的能力；人力资源在一定范围之内，可以被管理人员使用，从而产生经济效益，对管理目标实现，促进体力、智力与心力等各项人力因素构成的基础，主要有知识技能与能力素质构成；等等。综上所述，人力资源的含义就是能够推动整体经济以及社会发展的拥有智力的劳动者的总和。人力资源由数量与质量两个内容构成。数量的构成主要有八方面：第一个是在劳动年龄范围之内，正在从事社会劳动的人，我国的劳动年龄是男 18~60 岁，女 18~55 岁，它属于人力资源之中的大部分构成，也被人们叫作适龄就业人口；第二个是还没有到达劳动年龄，就已经进行社会劳动的人，叫作未成年就业人口；第三个是已经超过了劳动年龄的人口；第四个是在劳动年龄之中，并且拥有劳动能力，需要参加社会劳动的人口，叫作求业人口和下岗待业人员；第五个是在劳动年龄范围内正在学习的人口也就是就学人口；第六个是在劳动年龄范围内正在从事家务劳动的人口；第七个是在劳动范围内正在服兵役的人口；第八个是在劳动范围内的其他人口。前四个属于社会劳动力的直接供给者，属于已经开发的人力资源，而后四个则属于还没有开发的间接存在的人力资源。

二、人力资源管理的含义

随着人力资源管理理论和实践的不断发展，当代人力资源管理的各种流派不断产生，关于人力资源管理的含义也很难达成一致，具有代表性的观点主要有以下几种：人力资源管理是对人员的行为态度及绩效产生影响的各项政策以及管理措施的制定；人力资源管理是按照组织及个人发展需求对组织之中的人力资源，进行开发利用以及科学管理的相关机制建设的。综上所述，人力资源管理工作就是通过使用科学的管理模式，对一些物力相结合的人力进行组织培训与调配，使人力物力保持在最佳状态，与此同时，还要对人们的思想行为心理进行教育和控制，发挥出人们的主观能动性，体现自身最大的价值，实现组织整体的人力资源目标。

三、人力资源管理的演变

现阶段，我国的人力资源管理工作还处于初步阶段，通常情况下人力资源管理需要经过三个发展阶段。

（一）传统人事管理阶段

19世纪初，工业化大生产开始出现，机器的大量使用、规模化大生产和装配线的出现，不仅大大提高了工作效率，也加强了人与机器的联系，增加了员工聘任的数量。因为管理化能力以及生产力的提升，使企业对整体生产管理具有了更高的需求，而对生产之中的员工管理工作也有了更高的要求。人事管理开始被企业所接受，也作为一种管理活动正式进入企业的管理活动。

20世纪初期阶段的科学管理理论，针对企业整体管理的问题提出了相应的科学管理措施，而与人相关的主要有四点：一是针对工人的工作构成要素，开发出相应的科学工作模式，替代传统的经验模式；二是对工人的选拔、培训和教育采用科学的方法，代替传统的经验做法；三是在工人与管理者之间进行明确、适当分工，保证管理任务的完成；四是在工人与管理者之间培育合作精神，保证工人用科学的方法完成任务。

20世纪30年代，打破了传统管理理论，对人们的假想说明了工人并不是被动的个体，他们的行为不但会受到自身薪酬待遇的影响，影响生产效率的重要因素并不是待遇及工作条件，而是在工作之中的人际关系。主要有以下几方面：一是工人属于社会人而不是经济人；二是企业之中的一些非正式组织的存在；三是全新的领导能力，需要提高工人的满意度。与此同时，人和人之间的交际关系理论开始出现，打破了管理理论之中的原本定义，开拓了全新领域，弥补了传统管理模式之中的问题，为今后的科学发展打下了基础。而传统的人事管理工作开展时，管理的主要目标就是通过激励及控制，提升员工整体的劳动生产率，主要就是对人事档案进行日常管理，而这个阶段的企业员工并没有被企业当作资源对待，而只是人事档案。

（二）人力资源管理阶段

人力资源管理是 20 世纪中期以后，在传统人事管理的基础上逐步发展起来的。20 世纪 70 年代之后，"人力资源管理"一词已被企业所熟知。随着人力资源管理理论的不断成熟和发展，人力资源管理逐步与人事管理区别开来。

人力资源管理阶段的特点是：企业已经意识到人力是一种资源，人力资源管理开始成为企业管理职能的一部分，承担着相对独立的管理职能和管理职责；人力资源管理部门开始负责企业人事政策的制定，根据企业决策层的要求进行日常性人力资源管理工作，同时开始参与企业战略规划的实施。但是该阶段，企业在形成战略目标时，并没有把人力资源问题考虑在内，也并没有把人力资源看成企业的战略性资源，人力资源管理部门的工作往往处于一种被动状态，被动地接受企业的战略。

（三）战略人力资源管理阶段

20 世纪 80 年代，人力资源管理工作的主要特征就是人力资源管理工作开始进入企业层次，成为企业战略整体的制定者，并且也属于企业管理中的核心内容。

第二节　电力企业人员招聘

一、人员招聘的基本理论

（一）人员招聘的概念

企业由于员工离职、组织中的水平流动（如员工队伍调整、换岗等及增加新岗位或组建新部门等战略任务的改变等原因），使企业出现空缺工作岗位，为此，企业必须进行人员招聘。企业运用现代科学的测评手段进行员工招聘是企业人力资源的主要渠道。

人员招聘的含义就是企业按照自身实际空缺岗位的状况，通过相关程序选拔录用企业需要人员的过程。

从招聘入手，严把入门关，就能使新进员工的素质相应较高。一个由较高素质的员工组成的企业较容易建立良好的企业文化，这样就能使企业持久地发展。

（二）人员招聘的意义

招聘工作对企业的意义主要表现在以下几方面：

1.招聘工作是企业持续发展的保证

企业竞争的本质属于人才竞争，在企业发展的不同阶段都需要有相应的人才作为支撑。由于人才流动是现代企业发展中一个不可避免的问题，也是一种正常现象，因此，通过招聘工作及时获得企业所需的各种人力资源成为企业持续发展的保证。

2.招聘工作是确保企业员工高素质的基础

招聘工作是一项非常严肃的企业行为，有严格的招聘程序，要遵循一定的招聘原则，采用合适的招聘方法。通过逐级选拔，最终所录用的人员通常都是企业需要的人才，并且这些人员的整体素质较高。

3.招聘在一定程度上保证了员工队伍的稳定

人才流动在现阶段社会属于企业中的正常现象，但是不论哪个企业都不希望自身所招聘的人才经常出现跳槽的问题，所以，在招聘过程中，通常情况下，招聘人员都会关注申请人的背景与经历，从而判断他们的稳定性。因此，招聘工作可以从一开始消除企业员工的不稳定因素。

（三）人员招聘的原则

电力企业进行人员招聘应遵循公开、公平、考核、择优的原则进行。

1.公开原则

所谓公开原则就是在人员招聘时应采用公开招聘，要将招聘单位、招聘种类和数量、条件、方法、时间、地点等通过登报或其他方式在招聘简章上加以公布，告知社会，形成社会舆论，造成竞争局面，达到广招人才的目的。公开招聘不仅可以使整个招聘工作在社会监督之下，防止出现不正之风；还为扩大择员的范围提供了条件，可以引来大批的应试者，有充分的选择余地；同时，公开招聘还为待业者提供了就业信息，便于他们选择满意的企业和自己喜欢的工作，有利于人尽其才。

2. 公平原则

公平原则的含义就是在人员招聘时进行公平竞争，对所有的应聘者都要一视同仁，让他们用自身的能力与技术来进行竞争。与此同时，不能人为去制造各种不公平的待遇，努力为一些人才提供平等竞争的机会。

3. 考核原则

所谓考核原则就是要对应聘者进行全面考核，包括德、智、体等各方面进行综合考察和测验。通过考核原则，一方面可以使应聘者充分展示自身的能力和才干，另一方面可以使企业充分了解应聘者，使企业获得所需的人才。

4. 择优原则

所谓择优原则就是在人员招聘时要择优录取，要根据应聘者的考核成绩，从中选择优秀者录用。择优的依据是对应聘者的全面考核结论和录用标准。择优录取是招聘成败的关键，企业只有通过择优录取才能获得满意和所需的人才。

（四）人员招聘的程序

招聘的程序不是一成不变的，不同的组织，因其规模、效益、性质的不同，其程序会有所差别。同一个组织，在不同的时期，对某一个具体的岗位也可能出现不同的选聘程序。因此，应根据具体情况制定具体的程序。一般的招聘程序如下：

1. 人员需求确定

根据人力资源规划，对企业人员需求的供给进行预测，确定人员的净需求量，同时制定人员选拔录用政策。

2. 确认招聘标准

依据职务说明书，确认所需人员的任职资格、招聘内容和招聘标准。

3. 拟订招聘计划

拟订具体的招聘计划，并报企业领导批准。

4. 开展招聘宣传

企业的人力资源部门开展招聘的广告宣传及其他一些准备工作。

5. 进行材料筛选

对应聘者的简历、申请表和履历表等进行审阅，初步掌握应聘者的基本情况，选择可以参加进一步测试的应聘者。

6. 进行初步面试

由人力资源管理部门的负责人对应聘者进行初步面试，确定下一轮的候选人。

7. 进行各种测验

测验包括管理能力测验、智力测验、专业能力测验、个性测验和职业倾向测验等。管理能力测验是测试应聘者是否具有相应的管理能力，以及这种能力能否与职位的要求相适应；智力测验是测试应聘者的学习能力，分析问题、解决问题的能力，包括应聘者的语言表达、逻辑推理、记忆和理解能力等；专业能力测验是测试应聘者是否具有岗位所需的专业知识、业务能力以及本岗位所需要的特殊技能；个性测验是测试应聘者的个性、性格类型、事业心、成就欲望、自信心、亲和力、容忍性等；职业倾向测验是测试应聘者对该岗位的兴趣和取向。以上测验可以通过多种形式加以测试，也可以委托外部机构测试。

8. 进一步面试

由人力资源部主持，有关各方组成招聘专家组，对应聘者进一步面试，了解更多的信息，如求职者的抱负、合作精神等。

9. 核实与评价

核对应聘者有关应聘材料的真实性，对应聘者进行全面评价。

10. 建议录用人员

对合适的应聘者建议组织吸纳，不合适的应聘者予以排除。

11. 进行体格检查

对应聘者进行专门的体格检查，如果组织对人员的身体有特殊的要求，通过特殊体检确定是否合适；如果对人员的身体没有特殊的要求，只须进行一般的体检。

12. 进行录用决策

对适合组织需要的应聘者，通知录用并进入试用期。

（五）人员招聘的渠道

人员招聘有内部选拔和外部招聘两种途径。

1. 内部选拔

内部选拔的含义是，企业直接从内部选拔一些能够胜任的人才到企业的一些空缺岗位上，它也说明了企业的一些较低的职位的人被选拔到了较高的职位，从而担负了更为重要的工作。内部选拔机制的设置需要企业首先构建一个完善的人员工作日常表现调查表，从而在企业的一些领导岗位产生空缺的时候，可以运用表格进行分析研究，从而选出合适的人员。

内部选拔的优点是：一是对被选拔者的情况比较熟悉，选拔的可信度较高；二是被选拔者对企业的情况了解较多，能较快地适应新的工作；三是内部选拔机制的建立，对调动企业员工的主动性、积极性和创造性起着很好的作用；四是内部选拔机制的建立，可使企业的前期培训得到更多的回报，从而使企业员工能够发挥更大的效用和热情，为企业带来更多的效益。

2. 外部招聘

外部招聘的含义是，企业从外部选择一些能够匹配企业实际岗位人员的整体过程。外部招聘的形式通常是企业主动向社会发布一些招聘信息，让符合条件的人员来应聘加入企业，也可以通过企业外部的人才自主加入企业。而企业通过相应的程序方式就能够对应聘者进行考查和测试，从而找到企业更需要的管理人才。

外部招聘的优点是有三点。一是将企业的人员配备变为一个良好的开放系统。引进外部竞争机制有两方面的好处一方面，可以使企业有更为充足的选择对象，招聘到优秀的人才；另一方面，使企业内部的人才时刻与市场状况接轨，增强内部人员的危机感。二是避免近亲繁殖，给企业带来新鲜血液，使企业增加新的管理理念和新的思维方式，避免企业封闭竞争的僵化结果。三是外部招聘的人才一般都具有一定的经验、相关的背景知识，这些可以降低企业的培训成本。

（六）人员招聘的方法

一般情况下的人员招聘工作，都是通过笔试、面试及情景模拟等各种方式，对应聘人员自身的综合素质进行测试。

1. 笔试

笔试是通过纸笔测验的方法，对应聘者自身掌握的知识以及专业管理知识进行考查，并且了解他们分析问题与解决问题的能力。

笔试的优点是：涉及知识面可以较为广泛，一次可以测试几十道甚至上百道题目；对知识、技能考核的信度和效度都很高，可以对试卷进行大规模分析，成绩评定较为客观。

笔试往往是管理人员选聘的第一步，如现在进行较多的国家公务员考试制度就是如此，并且只有通过考试这一关，才有可能进入下一步的选聘。因此，笔试在管理人员的选聘中具有非常重要的意义，绝大部分的组织选聘管理人员都采用这种方法。

2. 面试

面试属于管理人员在招聘过程中的重要工作，也属于招聘工作。原本流程是十分重要的，通过面试能够更好地了解应聘者和企业所需要的岗位人员的匹配程度，而面试就是通过应聘者与面试者双方沟通交流的方式，了解应聘者自身的素质能力，也属于一种人员辨别的技术。通过面试可以了解到应聘者自身的知识能力以及工作经验和其他的个人素质特征。面试的形式主要有以下几种：

（1）非结构化面试

非结构化面试就是不遵循特殊的形式，谈话可以从各方面展开，主试者可以提出一些开放式的、具有一定深度的问题。其优点是可以测试应聘者的抽象思维能力以及对突发问题的解决能力；缺点是耗时较多，而且不同的主试者对应聘者的评价可能不同，因而其评价结果的主观性较强。

（2）结构化面试

结构化面试是通过准备一系列与该管理岗位相关的问题组成面试的内容，并向应聘者发问。结构化面试的优点是克服了非结构化面试的主观性；缺点是其测试过于程序化，灵活性差。

（3）压力面试

压力面试是通过情景模拟制造一种紧张的氛围，考察应聘者将如何应对工作压力。例如，主试者提出一些非常不礼貌的问题，故意使应聘者感到突然，感到不舒服，或者对某一问题揪着不放，直至让应聘者陷入窘境。其目的是测试应聘者的压力承受能力和人际关系能力等。

面试的内容因工作岗位的不同而不同，一般而言，面试过程中主要对应聘者的下列素质进行综合考察：

一是仪表风度；二是管理能力；三是工作动机和期望；四是专业知识和特长；五是工作态度和工作经验；六是事业心；七是语言表达能力和思维反应能力；八是综合分析能力；九是人际交往及自我控制能力；十是兴趣爱好。

3. 心理测验

心理素质是管理者素质结构中的一个重要内容。特别是对管理者，更需要有良好的心理素质。心理测验主要有以下几方面：

（1）能力倾向性测验

能力倾向性测验是测验人在某些方面的特长和技能表现，测量应聘者是否具有某些方面的特殊能力。特殊性倾向测验包括四个类别，即机械倾向性测验、文书能力测验、心理运动能力测验和视觉测验。多重能力倾向性测验主要用来测验应聘者是否具有与某些活动有关的一系列心理潜能，能同时测定多重能力倾向。

（2）人格测验

人格测验也称个性测验，主要用来测量应聘者在一定条件下经常表现出来的相对稳定的性格特征，如兴趣、态度、价值观等。

（七）情景模拟法

情景模拟法是近几十年来在西方企业中流行的选拔和评估管理人员，特别是中高层管理人员的一种素质测评体系，是一种综合性较强的人员测评方法。情景模拟法最主要的特点在于它使用了情景性的测验方法，对测评者的特定行为进行相应的观察和评价。这种方法通常将被测者置于一个模拟的工作环境中，采用多种评价技术，由多个评价者观察被测者在情景模拟中的工作行为表现，并做出评价。情景模拟法主要有以下几种常用的测验方式：

1. 公文处理

公文处理是情景模拟法的一种最主要的测试方式。这种方法一般会先向被试者介绍相关企业的背景材料，然后告知被试者，假如他就是这家企业的负责人，由他全权处理各种公文。公文一般由文件、电话记录、备忘录等组成。公文可多可少，一般不少于5份，不多于30份。公文的难度有大有小，分量有重有轻，并规定完成的时间。评价人员通过观察被试者处理公文的过程来评价被测对象是否具有相应的管理能力。

2. 角色扮演

角色扮演是要求被试者扮演一个特定的管理角色来处理日常的管理事务，以此观察被试者的心理素质和潜在的管理能力。例如，要求被试者扮演一名中层管理者，并交给其一定的任务，观察其如何调动下级的积极性去完成任务。

3. 无领导小组讨论

无领导小组讨论就是指由一组被试者开会讨论某个问题，讨论前并不指定谁来主持会议，在讨论中观察每一个应聘者的发言，从而了解被试者的心理素质和潜在能力的一种方法。

二、电力企业人员招聘改进措施

现阶段的电力企业人员招聘工作长久以来都是通过计划管理的模式，因此较为闭塞，招聘的渠道不宽且人员素质较差。这种人员通常和电力企业实际需要的人才之间具有一定的差距，因此，需要对现阶段所存在的问题进行转变。

（一）加强人力资源规划建设

人力资源规划的含义是企业通过预测以及分析相应的环境中的人力资源供给需求状况，然后再制定出相关的政策措施，确保企业在需要人才的时间段能够获得岗位所需要的人才。为了确保电力事业的长久以及持续发展，电力企业需要关注其人力资源整体工作的重要性，制订出人力资源整体的规划过程中还要制订出具体的业务规划，而总体规划需要考虑到人力资源的工作目标以及相关政策与实施工作流程和预算业务，规划属于总体规划之中的一些目标政策和具体化内容，主要是由人员招聘的补充计划、人员运用计划和人员教育培训计划、人员退休计划以及人员劳动关系计划构成。

（二）进一步拓宽人员招聘渠道

现阶段的电力企业招聘范围较窄，通常都是企业内部职工子女或者系统所办的一些专业技术学校的毕业生，而这种状况并不能满足电力企业实际发展中对人才的需求。造成这种状况的主要原因是电力企业的经济效益好，为了避免来自各界的压力，招聘时不再公开发布招聘信息，这就有可能使大量优秀人才不能进入电力企业。为了拓宽人员招聘渠道，应将招聘信息公开发布，通过参加社会招聘会、各高校招聘会，迅速将招聘信息传达给外界，从而使企业吸纳更多的优秀人才，并且通过公开的招聘也能使电力企业的社会形象提升。

（三）解放用人自主权

企业用人自主权也属于企业在日常经营管理工作中的基础权利，是企业能够持续发展的基础保障。但是现阶段的电力企业用人状况还没有达到自主的状态，通常情况下，用人的自主权受到限制的原因主要有上级企业的管理、企业内部职工子女的就业需求和相关系统内专业院校毕业的学生分配以及社会就业压力等各方面的因素。为了解决上述问题必须采取以下措施：首先，上级企业要将用人自主权下放。虽然目前的供电公司和发电厂还不是独立核算的法人实体，但是考虑到电力企业自身发展的需要，有必要给予独立的用人自主权，上级企业对此项工作应给予监督，并制定相应政策保证电力企业按照公开、公平、考核和择优的原则进行人员招聘。其次，电力企业自身应做好宣传教育工作，停止对职工子女就业大包大揽的做法，并且加强对电力企业和其他社会行业之间联系的优势，提供相应的就业信息，使职工子女能够具有就业的全新方式。

（四）应用规范化程序和方法招聘人员

人员招聘理论介绍的人员招聘程序和方法是经过长期研究和实践得出的结论，是科学的、可操作的，电力企业在人员招聘中按此程序进行，选择合适的方法进行考核，一定会收到满意的结果，使电力企业获得发展所需要的满意人才。同时，采用规范化程序和方法也可以避免企业受到来自各界的压力，真正做到公开、公平、考核和择优。

第三节　电力企业人员培训

一、人员培训的基本理论

（一）人员培训的含义

随着市场竞争的不断加剧，企业已经逐渐认识到为了获得竞争优势，就需要首先对企业内部员工的整体素养进行提升，而培训则是帮助企业有效提升人才素养的主要方法，通过培训能够提高员工素质。而针对培训的作用，有几种观点。培训指的是企业有计划地使员工来到一些学习的场所，学习一些与工作相关的能力、技术，而这些能力主要有知识技能以及工作绩效的关键行为，使新员工或者已有的员工能够掌握更多自身本职工作中需要具备的技能。

随着企业对培训工作的日益重视，培训所关注的重点不断变化，逐渐从帮助员工掌握具体技能转变为对知识的创造和分享。培训的目的不仅是使员工学到新的知识和技能，不断开发智力，充分发挥其潜能，实现个人的价值，而且有助于实现组织的目标。

可见，培训是指企业为了实现组织自身和员工个人的发展目标，有计划地对员工进行培养和训练，使之掌握与工作有关的知识、技能和态度等素质。

从上述关于培训的定义可以看出：培训的目标是实现组织和员工个人发展目标；培训的目的是提高员工的素养；培训的主要内容是与员工有关的知识、技能和态度；培训是一项有计划的系统工程。

（二）人员培训的原则

1. 培训规划系统化

企业进行培训必须首先制订全面系统的培训规划。培训工作需要长期坚持，因此，在培训过程中一定要首先做好规划，不能盲目且随意，而在整体规划时间上需要考虑到培训人员自身的实际状况，制订出一个长期或者短期的培训计划，使培训人员能够和各个行业以及其他单位的整体工作规划产生对接。在规划层次上应分别对企业的决策层、管理层和操作层做出规划，以便根据培训对象的不同制订各层次的培训计划。

2. 培训方法科学化

培训的方法直接关系到培训的效果。近几年，培训的方法和技术有了很大发展，目前，基本的培训方法有讲授、研讨、实践、模拟和游戏等，每种方法各有优缺点和适应范围。在选择培训方式时，一定要考虑到培训对象和培训内容是否符合企业实际需求，运用科学的培训模式，提升整体培训效果。

3. 培训内容实用化

企业员工的培训工作主要有知识技能以及工作态度等各个内容，所以，在培训内容的安排上，除了要考虑到文化知识以及专业技术培训之外，还要安排一些理想、信念、道德等与价值观相关的培训内容。通常情况下，这些培训内容和企业的目标、企业精神、企业文化、企业制度之间具有密切的联系，如果融合起来开展教育，则更能够满足企业的实际需求。

4. 培训过程监督化

为了能够有效提升培训效果，就需要对培训过程进行管理，开展培训工作。与其他工作一样，都需要通过考察监督管理等各项管理环节的开展，才能满足培训要求。严格监督就是在培训过程中对学员出勤、学习内容、教学效果等内容进行监督管理，保证培训过程的有效开展。严格的考核管理工作能够确保培训质量得到提升，也是对培训质量进行检测的重要方式，只有通过培训考核才能确保择优录取，而由于很多培训都是为了提升员工素养，并没有涉及提拔以及工作安排的问题，所以，对授信人员的择优奖励，则可以调动受训人员自身在培训过程中的积极性，依照考核成绩可以设置不同的奖励等级，还可以直接计入人员档案，与今后的晋级产生联系。

（三）人员培训的内容

在企业人员挑选以及录用新员工的时候，虽然通过了各种工作的开展，并且使用了考试测试以及其他方式，但新员工并不是一步入工作岗位，就能立刻完成工作所需要的相关知识技能，并且在企业之中也缺乏同心协力的工作态度，所以公司需要给企业新员工安排一些相关的培训工作，使他们尽快地掌握知识技能，并且拥有良好的工作态度，对他们开展相关的教育培训。并且企业也属于在不断转变的经济环境中，谋求生存与发展的一个集体企业，现有的员工知识技能以及工作态度，需要跟随社会的转变而不断适应，只有通过不断的创新才能提升员工整体的技能掌握能力。因此，无论是企业新录用的员工，还是企业现有的员工都需要进行培训。

员工培训的整体内容应该是首先通过教导以及经验传播的方式，使他们掌握知识技能，转变工作态度以及行为方式达到企业的实际标准，所以，企业完善的员工培训工作需要由以下几个内容构成：

1. 知识的培训

通过培训，确保员工能够具备掌握本职工作所需要的相关知识技巧，还要让员工更好地了解企业的实际状况，例如，企业的经营目标、企业文化经营方针及发展战略，从而确保员工能够更好地参与，在企业的日常经营活动中，发挥员工的主人翁意识。

2. 技能的培训

通过培训工作的开展，能够让员工更加快速地掌握自身在工作中所需要掌握的技能，例如，操作技能、人际关系处理技能等等，并且也能够开发员工的潜能。

3. 态度的培训

员工的工作态度会直接影响到企业内部的员工整体士气，并且也会影响到企业绩效。因此，通过培训需要使员工对企业产生信任，使员工更加忠诚地对待企业，并且拥有在工作中应该具备的相应工作态度，提升员工的集体意识。

（四）人员培训的方法

员工培训的方法和类型可以进行不同的分类。按照培训时是否离开岗位可以分为在岗培训（在职培训）和离岗培训（脱产培训）；按照培训时是否离开组织又可以分为内部培训和外部培训；等等。

1. 在职培训的方法

在职培训在企业培训中有着广泛的应用，它能够充分利用企业现有的设施、现有的条件和现成的经验；与工作的相关性好，可以边生产边学习，学以致用；易于与师父和其他人员交流，实践性强等。在职培训主要有以下几种方法：

（1）学徒培训

学徒培训的含义是在师父的领导下，通过生产劳动对新员工进行技术能力培训的一种方法。学徒期和工种相关，通常是 1~3 年学徒培训的适用方式较为广泛，并且培训量也很大，能够使用已有的设备与技术，所以，很多国家都使用学徒培训制。我国 1949 年之后，80% 以上的技术工人都是通过学徒培训的方式掌握相关技术的。但是学徒培训的缺点在于，技术操作相关的培训内容较多，但是理论知识较少，从而直接影响了整体培训学习的深度。

（2）工作轮换

工作轮换是指两个不同工种的员工进行工作交换。工作轮换是近期发展起来的一种培训方法，尤其适用于管理以及技术人员，其能够使他们的工作内容更加丰富，并且掌握更多的相关工作经验，从而构建出一个完善的多元化思考问题的模式，使他们更好地理解他人的工作。工作轮换的缺点是在人事和工作安排上比较麻烦，而且，员工因为工作轮换时间不长，在新岗位上缺乏认真和钻研精神，具有短期效应。工作轮换在对管理人员的在职培训中应用比重大一些。

（3）项目指导

项目指导是通过指导人员对工作要求以及内容和程序进行明确，然后示范，让新员工实际操作的培训模式，如果前者工作顺利，那么就可以进行下一步，一旦出现问题就要及时纠正，直到达到要求为止。项目指导的操作性较强，并且也很直观。在工作中使用的设备工具能够更好地促进新员工的理解，因此，也经常被运用在操作工人以及低级员工的培训工作中。

2. 脱产培训的方法

在职培训省时省钱，而且可以很快见效。但是，企业为了全面提高员工的素质，必须组织更专业化和系统化的学习，这就需要通过脱产培训进行。脱产培训具有以下优点：学员学习更专心，不受工作牵制；学员所学到的知识，特别是理论知识更系统化；学员来自不同的企业或部门，可以相互交流，因而可以了解更多的信息；有利于学员能力的全面发展。脱产培训的方法更为多样，这些方法既可以在组织内部使用，也可以在组织外部使用。下面主要介绍以下几种方法：

（1）课堂讲授

课堂讲授是指由培训师通过口头表达方式，向培训者讲授培训内容，系统传授知识的一种传统培训方式。课堂讲授的优点是操作简单方便，可以同时对许多人进行培训，获得较高的培训效益；有利于学员系统接受新知识；有利于培训师掌握和控制培训进度。

（2）视听教学

视听教学是指运用现代视听技术，如幻灯片、投影仪、光盘等方式对员工进行培训。视听教学的优点是可以形象地表达一些用文字或语言难以说明的培训内容；培训者可以根据需要对视听教学进行重复使用。

（3）案例研究

案例研究是指围绕一定的培训目的，把实际中真实的情景加以典型化处理，形成供培训者研究的案例，让学员进行分析和评价，提出解决问题的建议和方案。案例研究的优点是培训者不仅能从分析中获得所需的知识和成功的经验，提高学员观察问题、分析问题和解决问题的能力，而且可以在讨论中增强学员之间的沟通能力。

（4）角色扮演

角色扮演是指培训者在一个模拟工作环境中，扮演某种角色，借助角色的表演来理解角色的内容，模拟处理工作事务，从而提高培训者处理问题的能力。角色扮演的优点是能够增进培训者之间的感情和合作精神，给培训者提供一个心理和行为的实际锻炼机会。同时，也给不担任角色的观看者提供了一个学习和聆听角色表演的机会。

（5）多媒体培训

随着计算机技术的发展和视听技术在计算机领域的应用，形成了新兴的多媒体教学培训技术。多媒体培训是指通过计算机的处理和控制，将文字、图像、图形等多种表达知识的媒体结合在一起，实现一系列的交互性的操作。多媒体培训的优点是培训可以由培训者自己控制进度；可以进行互动式学习；可以不受地理位置的限制，分散在各自办公室进行。

（6）网上学习

网上学习是指企业将文字、图片及影音文件等培训资料置于网上，形成一个网上资料馆，供学员进行培训学习。网上学习有两种形式：一种是互联网培训，即在国际互联网上传递培训内容，在浏览器进行演示的培训方式；另一种是内部网培训，即通过组织内部网络来展示培训。网上学习的优点是：能够使培训不受时间、空间的限制；可以节约培训成本；可以迅速更新培训内容；可以实现自我导向；培训易于监督。

二、电力企业人员培训的改进措施

（一）加强宣传教育，更新培训理念

电力企业是知识技术密集型企业，对员工的素质要求非常高，这就对员工的培训提出了更高的要求。电力企业相对其他行业来讲，一直以来都非常重视对员工的培训工作，也形成了一套比较完整的人员培训体系，如各种专业技术培训中心等。但电力企业的培训多集中在对一线员工或新进员工的岗位培训，培训的广度和针对性还不够。随着电力工业的发展，知识、技术和思维密集化程度的不断提高，对电力企业员工的素质要求越来越高，电力企业必须有一支高水平的员工队伍和管理队伍，因此，加强对员工和管理人员的培训就成为电力企业发展的迫切需要。为此，电力企业的培训工作首先要加强宣传教育，更新培训理念。要树立全员培训的观念，从企业的高层领导到企业的员工都要高度重视培训工作，要意识到员工培训是电力企业人力资源管理的核心任务之一，不仅把培训工作作为自身工作发展的重要保证，也要把培训工作作为企业发展的需要。

（二）完善培训体系

做好电力企业的培训工作必须完善培训体系。培训体系主要包括以下几方面：

1. 培训需求分析

培训需求分析是确立培训目标的前提和基础，它主要分析和评估组织中存在什么问题、存在的原因是什么、哪些人需要培训、在哪些方面需要培训，从而确定有无必要组织培训项目，为确定培训目标做好准备，使培训有的放矢地进行。培训需求分析可以从组织分析、人员分析和任务分析三方面进行。

（1）组织分析

组织分析是在组织经营战略和组织背景既定的情况下，分析评价组织的发展目标、形势变化、业务发展、组织文化、可利用的培训资源，以及管理者和同事对培训活动的支持等情况，从组织层面分析管理人员是否需要培训、需要哪些方面的培训。

（2）人员分析

人员分析主要是确定哪些管理人员需要培训，需要哪些培训。人员分析的内容主要包括：管理目标与实际工作目标之间差距的大小，确定是否需要培训；分析管理人员的管理素质、管理能力、管理效率、管理效果等，确定管理人员在哪些方面需要培训。

（3）任务分析

任务分析主要是对管理人员所从事的有关管理活动进行描述，分析他们是如何具体承担自己的任务和工作职责的，是如何管理下属实现组织目标的，并分析他们成功地完成这些管理任务所需要的知识、技能和态度。通过分析，可以得到管理人员是否需要培训、需要哪些方面的培训。

以发电企业为例，应成立相应的职工教育培训工作领导机构，机构成员可由企业领导、三总师（总会计师、总经济师、总工程师）及重要部门中层干部组成，负责制订企业职工培训规划。每年召开两次职工教育培训工作会议，审议培训教育计划，对培训需求从企业发展战略以及人才发展等方面进行综合评估，以保证培训资源的合理配置，为企业发展提供人才保障。

2. 培训目标确定

在培训需求分析的基础上可以确立培训目标，培训目标就是要确定培训活动的目的和预期效果。培训目标的确立主要是以培训需求分析中存在的结果为依据的，管理人员培训目标的确立主要包括知识目标、技能目标和素质目标。

（1）知识目标

对管理人员进行知识培训的主要目的是通过培训更新管理人员的知识结构，为今后更好地从事各种管理工作打下基础。管理人员的知识培训目标有两方面：一方面是管理人员在现有岗位上所应具备的知识的重新整合、补充；另一方面是管理人员可能晋升而需要更新和接受新的知识。

（2）技能目标

管理人员的技术能力培训主要是业务技能培训与管理技能培训，而业务技能培训的内容是需要管理人员掌握相关专业技术以及技巧，学习使用可以推广技巧的方法与思维，从而帮助他们更好地掌握分析与处理问题的能力。管理技能主要是培训管理人员的一些比较新的管理地技巧、管理的方式方法和新的管理理念。通过对管理人员两方面的培训，使管理人员的技能达到一个新的境界，从而能更好地完成其工作或适应新的岗位。

（3）素质目标

素质培训目标主要包括管理人员的价值观、职业道德、认知、情感、行为规范、人际关系、不同主体的利益关系处理等。通过培训转变管理人员的态度、情感，调动其工作的积极性，更好地发挥其潜能。

设置培训的目标要与组织整体的要求统一和组织资源以及管理人员培训条件相协调，尽可能地细致化，并且具有可实施性，还要把握好整体的测评标准。

3.培训方案设计

在确保培养目标的基础之上，需要制订出相应的培训计划以及培训内容，确定使用的书籍和场所，以及培训人员等各项问题，这些都属于培训方案的设计过程。其中针对培训内容，应该对专业技术人员和中层管理人员以及技术管理人员进行划分，与电力企业的实际需求融合在一起，主要目标就是为了让员工的知识运用能力，以及实践操作能力同步提升，从而使现在电力企业的综合管理能力得到提高。

4.培训方法选择

培训过程中使用的培训手段，既可采用在职培训的学徒培训、工作轮换、项目指导等方法，也可以采用脱产培训的课堂讲授、视听教学、案例研究、研讨法、角色扮演、多媒体培训、网上学习等。

5.培训过程实施

把设计的培训模式运用相应的培训方法开展，也是培训项目能够顺利完成的基础，是培训项目的操作以及实践环节，一般情况下可以通过两种模式来了解培训的实际工作状况：一是阶段性测验，对培训过程之中的不同阶段进行测验和课后作业，及时了解接受培训的人员所掌握的知识技能状况；二是学员访谈，通过对培训学员进行访谈，了解他们对培训内容的掌握程度。

6.培训成果转化

培训成果转化，也就是受训人员需要将自身掌握的知识技能不断地运用在日常工作之中，从而使自身的绩效能力得到提升。培训转化，会受到各种各样原因的影响，例如，受训者自身特征、培训项目的相关设计、工作环境等等。

（三）完善培训保障措施，加强培训评估监督

培训保障措施的含义是：电力企业在培训相关工作开展时的政策制定，主要有培训的组织领导体系以及企业相关培训制度等，而这些都是确保培训活动顺利开展的基础，电力企业必须完善相应的培训保障措施。

为了保证培训工作的成功，培训评估监督需要融入整体培训工作之中，主要有培训需求分析以及培训目标确立和方案设计方法，应用培训过程开展以及成果转化等任何一个问题的产生，都会导致整体培训项目的最终结果受到影响。例如，发电企业的相关培训工作的结果评估需要依照培训对象的差异，通过不同的指标来进行衡量和评估；而针对发电运行岗位人员的培训，可以通过培训前后的相关安全稳定组织状况培训，对整体培训状况进行评估，在设备发生事故以及故障异常的时候，看一看非正常停运的次数是否有减少；而针对设备维修人员的培训，可以通过检修质量的提升程度以及工期缩短程度和返工现象的问题来进行评估；针对企业内部的领导管理人员的培训，可以从整体企业内部的工作氛围，以及员工工作态度的转变和部门业务能力提升等方面进行评估。

第四节　电力企业人员激励

一、激励的基本理论

激励就是利用某种有效手段或方法调动人的积极性的过程。人的积极性是一种能激发人在思想、行动上努力进取的心理动力。当这种心理动力受到激励时，人就会处在主动的心理活动状态，这种状态具体表现在人的意识活跃水平、情绪振奋程度和意志力强度等方面，从而直接导致行为效率的提高。也就是说，激励行为总是主动的，是对特定目标的自觉行为。

激励理论是基于激励的基本规律、机制及方法的概括和总结，是激励机制设计和运行的基础。按照激励研究角度不同，激励理论可以分为四大类：第一类是从激励内容角度研究激励问题；第二类是从激励过程角度来研究激励问题；第三类是从行为改造角度来研究激励问题；第四类是从综合角度来研究激励问题。

（一）激励内容理论

从激励内容角度概括的激励理论主要揭示员工内在需求的结构和特征，着重研究个体行为动机由何种因素所激发。

1. 需要层次理论

需要层次理论把人的需要分为生理需要、安全需要、社交需要、尊重需要及自我实现需要五个层次。生理需要是人们维持生命最基本的需要，是各种需要的基础。人们为了能够生存，首先必须满足基本的生活要求，如衣、食、住、行等。人类的这些需要得不到满足就无法生存，也就谈不上其他需要。而一旦生理需要得到相对满足，人们就会更加注意高一层次的需要。安全需要包括现在的安全需要和未来的安全需要。前者如人身安全、工作安全，后者如医疗保险、失业保险、退休福利等未来的各种保障。因为人们不仅希望自己的身体和情感免受外界因素的伤害，已得的利益不再丧失；同时也希望减少未来生活的不确定性，使未来的生活有所保障。社交需要也称友爱或归属需要，包括友谊、爱情、归属及接纳等方面。人是一种社会动物，人们的生活和工作不是孤立地进行的，是在一定的社会环境中，在与其他社会成员发生的一定关系中进行的。因此，人们希望在社会生活中与他人交流、沟通，形成群体，在与人交往中受到别人的注意、接纳、关心、友爱和同情，在感情上有所归属，而不希望在社会或组织中成为离群的孤雁。尊重需要包括自尊和受别人尊重两方面。自尊是指自己在取得成功时有一股自豪感；受别人尊重是指当自己做出贡献时能得到别人的承认，如上司和同事的较好评价和赞扬等。自我实现需要是更高层次的需要。这种需要就是希望在工作上有所成就，在事业上有所建树，实现自己的理想或抱负，最大限度地发挥自身的所有潜能。

2. 双因素理论

双因素理论认为，导致工作满意的因素与导致工作不满意的因素是有区别的。人们感到不满意的因素往往是与外界环境相关联的，如公司政策、工作条件、人际关系、工资、福利待遇等，这些因素改善了，只能消除不满意，但不能使职工变得非常满意，也不一定对职工有激励作用。这一类因素称为保健因素。而使人们感到满意的因素往往是与工作本身相关联的，如工作的成就感、工作成绩的认可、工作内容和性质具有挑战性等，这些因素改善了，能够提高满意度，激励职工的工作热情，从而提高生产率。这一类因素称为激励因素。

双因素理论将影响人的动机与行为的因素分为激励因素和保健因素两种。激励因素是指内部因素，是从工作本身得到的某种满足，如对工作的兴趣、成就感、责任感等；保健因素是指外部因素，即工作以外的因素，如奖酬、工作环境等。激励因素与保健因素对人行为的影响是不同的。要调动和维持职工的积极性，首先要注意保健因素，做好与之有关的工作，以防止不满情绪的产生。但是要想真正激励员工工作，必须注意激励因素，只有激励因素才会增加员工的工作满意感，激发他们工作的积极性。

3.ERG 理论

ERG 理论认为人有三种核心需要，即生存需要、关联需要和成长需要，简称为 ERG 理论。生存需要关系到机体的存在或生存，包括衣、食、住以及为得到这些因素所提供的手段。这实际上相当于需要层次理论中的生理需要和安全需要。关联需要是指人际关系的需要，主要通过工作中或工作以外与其他人的接触和交往得到满足。它相当于需要层次理论中的社交需要和部分尊重需要。成长需要是个人自我发展和自我完善的需要，这种需要主要通过发展个人的潜力和才能得到满足。这相当于需要层次理论中的部分尊重需要和自我实现需要。

与需要层次理论不同的是，ERG 理论证实：多种需要可以同时存在；如果高层次需要不能得到满足，那么低层次的需要会更强烈。因此，依据 ERG 理论，多种需要可以同时作为激励因素。

4.三种需要理论

三种需要理论将人的社会需要归纳为三个层次，即权利需要、合群需要和成就需要。

权利需要是指控制和影响他人的一种愿望。权利需要强烈的人喜欢控制和影响他人，喜欢对人发号施令，注重取得影响力。权利需要通常是管理成功的基本要素之一。合群需要是指喜欢与他人交往和寻求被他人接纳的一种愿望。合群需要强烈的人渴望友谊，喜欢合作的工作环境而非竞争的工作环境，希望人与人之间能进行沟通并获得理解。重视合群需要的人容易因为注重友谊、讲究义气而不重视管理工作原则，导致组织工作效率下降。成就需要是指希望获得成功并把事情做得更好的需要。成就需要强烈的人事业心强、有进取心，渴望将事情做得更完美。他们追求在争取成功的过程中努力奋斗的乐趣，以及成功之后的个人成就感。成就需要对一个管理者来讲非常重要，它能使管理者勇于承担个人责任，喜欢适度冒险或进行有挑战性的工作。

（二）激励过程理论

1. 期望理论

期望理论对组织的激励工作具有较强的指导作用，因此，受到管理学家和实际管理工作者的普遍重视。通常，当人们预计自己的行动会带来一些成果，这一成果对个体具有较强的吸引力，这样才能够激发他们去做某些事的积极性，进而达到预期目标。期望理论主要是认为特定活动对个体的激发力量，取决于他所能得到结果的全部预期价值乘以他认为达到该结果的期望概率。期望理论指出，对员工而言，当员工对某项活动及其结果的效用评价很高，而且估计自己获得这种结果的可能性很大时，领导者用这种活动和结果来激励他就可收到很好的效果。在一轮激励活动实施过后，经过个人努力所产生的绩效以及这种绩效是否获得活动所规定的奖励和这种奖励满足个人需要的程度，会影响个人对奖励机制的评价，从而影响对奖励的综合效价的评价，进而影响个人以后工作的努力程度。

2.公平理论

公平理论认为员工中权衡比较基本上有三种情况：一是员工认为对自己的报酬是合理的，在这种情况下，他感到满意，这种报酬的激励效力蛮大；二是发现自己的报酬太低，与别人比起来不公平，因此员工很不满意，这种报酬就无法调动其积极性；三是发现自己的报酬太高，与别人比起来不公平、不合理，在这种情况下，员工会产生紧张心理，为了平衡这种心理，他一般会努力工作，这种报酬方式对员工的激励效应最大。

（三）激励行为理论

1.强化理论

强化理论认为，人的行为是对刺激物的一种反应，因而，人的行为是由外部因素控制的，当刺激对他有利时，这种行为就会重复出现。例如，如果员工工作努力得到了认可，因此获得奖励，那么员工就会进一步努力工作；当刺激对他不利时，这种行为就会减弱或消失。例如，如果员工迟到被扣发奖金，那么员工今后就会减少迟到行为。控制行为的因素称为强化物。

强化的具体方式有四种，包括正强化、负强化、惩罚和忽视。

（1）正强化

正强化就是奖励那些符合组织目标的行为，从而加强这种行为。这里的奖励不仅包含经济的，如提薪、奖金等；还可以是非经济的，如对成绩的认可、表扬、改善工作条件、提升、安排担任挑战性工作、给予学习和成长的机会等。

（2）负强化

负强化强调的是一种事前规避，通过对与组织不相容的行为予以何种惩罚的规定，使员工对自己的行为进行约束。值得注意的是，规定本身不一定就是负强化，只有当规定使员工对自己的行为形成约束作用时，才形成负强化。负强化与惩罚是相关联但不同的两个概念。

（3）惩罚

惩罚是指当员工出现一些不符合组织目标的行为时，采取惩罚的办法以约束这些行为少发生和不发生。惩罚的手段可以是经济的，如降薪、扣发奖金、罚款等；也可以是非经济的，如批评、处分、降级、撤职等。惩罚的方式可以因发生行为的性质和程度不同，选择间隔性或连续性方式。间隔性惩罚是间隔一段固定或不固定的时间进行的惩罚。连续性惩罚是指每次发生不希望的行为都及时予以惩罚，直到完全消除这种行为重复出现的可能性。

（4）忽视

忽视就是对已出现的不符合组织目标要求的行为进行"冷处理"。具体有两种方式：一种是对某种行为不予理睬，以表示对该行为的轻视或某种程度上的否定，从而使这种行为自然消失；另一种是对原来采用正强化手段鼓励的有利行为，由于疏忽或情况改变，不再给予正强化，使其逐渐消失。

强化理论较多地强调外部因素对行为的影响，忽视人的内在因素和主观能动性对环境的作用，具有机械的色彩。

2. 挫折理论

引起挫折的原因多种多样，有外部因素也有内部因素。人们受到挫折后心理和生理的反应也各种各样，情绪上，有的采取愤怒的反击行为，有的强行压制愤怒的情绪，有的表现冷漠和无动于衷；行为上，有的表现出与自己年龄和经历不相称的幼稚行为，有的固执地重复某种无效的动作，有的采取妥协性措施来减轻紧张状态；生理上，有的会引起血压升高，有的脉搏加快，有的呼吸急促；等等。所有这些都会影响人的积极性，必须加以缓解和消除。

个体在遭受挫折后，应该有意识地运用挫折防卫机制进行自我心理调节，以减轻焦虑和痛苦，维持心理的稳定和平衡。同时，还应积极主动地寻求他人的支持和帮助，即进行心理咨询与调节。

对管理者来讲，应耐心细致地帮助受挫者分析挫折原因，给予必要的关心、劝慰和鼓励，使受挫者重新振奋精神。对犯错误的员工应创造一种集体的温暖环境，使他们感到自己不会受到集体的排斥，或通过交谈的方式，让受挫者倾诉压抑的心情，尽早从挫折感中摆脱出来。

二、电力企业人员激励措施

目前，电力企业人力资源管理的一个难点在于如何合理激励员工，使他们在工作中有足够能动性，为电力企业创造更多的效益。

（一）为企业员工设定合适的目标

为了有效地激励电力企业的员工，可以采用为员工设定一个合适目标的方式，目标会使员工产生压力和动力，从而激励他们更加努力地工作，创造出更高的经济效益。设定的目标一定要明确，同时目标要有挑战性，并且要客观可行。

（二）对完成目标的员工进行奖励

根据强化理论，当对完成目标的员工进行奖励后，这些员工就会在今后的工作中更加努力地重复这种行为，这就会对员工产生激励作用。但要求奖励一定要公平，要根据员工的贡献进行奖励，只有公平的奖励才能激发员工工作的热情，这也体现了激励的公平理论。

（三）针对不同的员工进行奖励

根据需要层次理论，人们有五种基本需要，即生理需要、安全需要、社交需要、尊重需要和自我实现需要。通常人们按照上述层次逐级追求自身需求的满足，并从中受到激励。需要的五个层次之间相互有重叠，当低一级的需要获得"相对"满足之后，追求高一层次的需要就会成为优势需要，并不是低层次需要"完全"满足之后，高一层次需要才成为最重要的。人们在某一时刻可能同时存在好几类需要，只不过各类需要的强度不同而已。根据以上理论分析，可以针对员工的不同需要提供满足，从而使之受到激励。

第五节　电力企业绩效考核

员工工作绩效的高低直接影响企业的整体效益和效率，提高员工的工作绩效是企业的一个重要目标，而考核是实现这一目标的手段和方式。所谓绩效考核是指依据一定的考核标准，遵循一定的考核程序，运用一定的考核方法，对企业员工的绩效进行综合的评价。

一、绩效考核的作用

绩效考核不仅在人员分配和人员选拔上具有指导意义，而且有很大的激励作用。考核的过程既是企业人力资源发展的评价过程，也是了解员工发展意愿、制订企业教育培训计划和为人力资源开发做准备的过程。

首先，绩效考核对企业产生作用。绩效考核对企业产生的作用主要表现在：有效的绩效考核制度能促使员工行为与企业的战略目标紧密结合；能凸显才华出众的员工，为企业未来的发展储备人才；能发现表现较差的员工，及时加以辅导、训练，防患于未然。

其次，绩效考核对主管人员产生作用。绩效考核对主管人员产生的作用主要表现在：通过绩效考核为员工提供工作反馈，有助于员工的自我发展，从而加强了主管人员和员工之间的相互依赖关系；主管人员利用绩效考核将员工的努力表现出来，可以激励员工工作的积极性。

最后，绩效考核对员工产生的作用。绩效考核最大的受益者是员工，通过绩效考核，科学、公平地评价员工的成绩，使员工认清自己的优势和不足，有意识地进行自我调整，不断提高自身素质。

二、绩效考核的原则

在建立绩效考评制度及实施绩效考评时，企业必须遵循一些基本原则。这些原则既是建立绩效考评制度的重要理论依据，又是保证电力企业人力资源管理体系有效运行的基本条件。具体包括以下几个基本原则：

（一）增强透明度原则

企业整个考核过程，如考核标准、考核内容、考核程序等都应该有明确的规定，并公布于众，一视同仁，这样考核工作才能为员工所接受、所理解，员工才能对企业的考核制度产生认同感。

（二）客观公正原则

考核的客观公正性直接关系到考核的效果，这种客观公正首先是指考核标准的客观公正。考核标准的制定应尽量避免考核人员的主观性，并且客观标准的制定应尽量细化、全面。

（三）单一考核原则

对员工的考核一般只能由其直接主管进行考核，其他任何部门都无权对员工的业绩进行考核，因为，对员工的实际工作能力、主观努力程度等了解最清楚的只能是其直接主管。单一考核明确了考核责任并使考核系统与组织指挥取得一致，有利于加强组织的指挥机能。

（四）反馈沟通原则

考核的结果必须反馈，所谓反馈主要是指反馈给被考核者本人。这一方面可能对被考核者产生激励作用，另一方面也可能对其产生教育作用。在反馈考核结果的同时，应对考核的结果做出说明和解释，与考核者进行必要的沟通。

（五）利益结合原则

考核结果必须与员工切身利益相结合，目前，有相当一部分企业使考核与员工的切身利益相脱离，这必然使考核流于形式。

二、绩效考核的方法

绩效考核的方法很多，各有侧重点，也各有优缺点。目前，企业采用的绩效考核方法差异很大，但其基本方法有以下几类：

（一）常规考核方法

常规方法最终产生的结果是按工作绩效由高到低排序的员工名单，据此可以做出精简组织、人事调整的决策。常规考核方法一般有以下两种：

1. 排序法

排序法分直接排序法和间接排序法。直接排序法是由考核人员（主要是绩效考核员及被考核者的直接上司）按绩效表现从好到坏的顺序依次给员工排序。这种绩效表现既可以是整体绩效，又可以是某项特定工作的绩效。

2. 两两比较法

两两比较法指在某一绩效标准的基础上，把每一个员工都与其他员工进行比较来判断谁"更好"，记录每一个员工和任何其他员工比较时被认为"更好"的次数，根据次数的高低给员工排序。这种方法较之排序法的优点在于：考虑了每一个员工与其他员工绩效的比较，更加客观。

（二）行为考核法

对上述三种常规方法来说，考核人员在运用时不得不把每一个员工的绩效与其他员工相比较，若整体绩效较差，这种考核就失去了客观的参照系，失去了准确性。而行为考核方法使考核人员能够独立于其他员工，仅依据客观的行为标准来考核每一个员工。行为考核方法一般有以下两种：

1. 量表评等法

量表评等法是应用最广泛的绩效考核法。量表评等法通常包括几项有关的考核项目，如评估中级管理人员的工作实绩时，一般制定的考核项目有：政策水平、责任心、决策能力、组织能力、协调能力、应变能力和社交能力等方面，对每项设立评分标准，最后把各项得分加权相加，即得出每个的绩效评分。量表评等法的优点是全面、结果量化、可比性强等。

2. 关键事件法

关键事件法是由考核人员将员工在工作中表现出来的好行为和坏行为（称为关键事件）记录下来，然后经过一段时间（可以是半年）与员工进行面谈，根据所记录的特殊事件来讨论员工的工作绩效。这种方法的优点是侧重于整个考评期内的考评，可以对员工进行充分准确的观察，既考察了员工的工作过程，又考察了工作结果和客观业绩，克服了重结果轻行为、追求短期效益的不足。

（三）工作成果考核法

工作成果考核法包括绩效目标考核法和指数考核法两种。

1.绩效目标考核法

绩效目标考核与目标管理很相似，考核绩效更有针对性。绩效目标通常是特定的、有时限的、有条件的、与组织目标完全一致的。绩效目标不仅有总目标，还有很多项分目标，在考核时每一项都按员工达到目标的程度独立考核，最后再加权平均。这种考核法的最大优点在于为员工的工作成果树立了明确的目标，能激励员工尽量向目标靠拢。绩效标准越细致，员工人事考核中的偏见和误差就越小。

2.指数考核法

指数考核法不同于绩效目标考核法之处在于绩效衡量的方式不同，指数法通过更客观的标准（如生产率、出勤率、流失率等）来考核绩效。

第六章　电力企业财务管理

第一节　财务管理基础

一、财务管理的概念

企业财务是一种客观存在的社会经济现象，有自身的规律性而需要人们自觉地加以利用，同时，又要受人们主观意志的影响而体现一定社会制度的要求。因此，财务管理是指企业遵循资金运动的客观规律，按照国家的财经政策、法令和制度，有效地组织企业的资金运动，正确地处理企业与各方面的财务关系，为有效地筹集资金和最大限度地提高资金利用效果而对资金的筹资、运用和分配进行的综合性管理。

二、财务管理的特点

财务管理作为企业管理的重要组成部分，既具有一般管理的共同性质，同时又具有不同于一般管理的特殊性。

（一）财务管理是一种价值形式的管理活动

财务管理就是对资金的筹集、运用和分配所进行的管理，是利用会计信息对生产经营活动中的资金及其运动进行管理。因此，财务管理是从价值形态对企业生产经营活动所进行的管理。

（二）财务管理是一种涉及范围广的管理活动

财务管理是对企业财务活动及其财务关系进行管理。因此，有关资金的一切活动，都属于财务管理的范围。它既与企业内部各部门发生联系，同时，还要与外部投资者、其他企业、单位和个人发生联系，重要的是它还涉及国家财税部门，可以说企业财务活动涉及社会的各相关方面。因此，财务管理是一种涉及面广的管理活动。

（三）财务管理是一种综合性的管理活动

企业管理中的其他管理，如设备管理、人力资源管理、销售管理等只是对某一个特定对象进行的管理。财务管理则是对整个生产经营活动的全过程进行管理，是一种综合性的管理活动。

（四）财务管理是一种法制性的管理活动

企业进行财务管理必须依据国家的经济法规、财经政策，因此是一种法制性的管理活动。

三、财务管理的内容

财务管理是对资金的筹集、运用和分配所进行的管理。因此，企业财务管理的内容主要有筹资活动、投资活动、资金营运活动和分配活动等几方面。

（一）筹资活动

企业进行生产经营活动必须以一定的资金为前提，企业从各种渠道以各种形式筹集资金，这种由筹集资金而引起的财务活动是企业财务管理的主要内容之一。企业筹集的资金分为权益性资金和债务性资金两大类。

（二）投资活动

企业取得资金后，会将资金投放到各方面进行使用，形成投资活动，由投资而产生的财务活动是企业财务管理的又一主要内容。企业的投资活动分为对内投资和对外投资，广义的投资包括对内投资和对外投资，狭义的投资仅指对外投资。

（三）资金营运活动

为了满足企业日常生产经营活动的需要，企业要把资金投放到内部进行使用，这些资金随着企业的生产经营过程的进行不断发生增减变化。这些在企业日常生产经营过程中发生的资金收付活动称为资金营运活动，这些活动也是企业财务管理的主要内容之一。

（四）分配活动

企业通过投资将会取得收益，并相应实现资金的增值。分配是对投资成果的分配，是企业的财务活动，也是企业财务管理的主要内容之一。企业的投资成果表现为取得各种收入，并在扣除各种成本费用及税金后获得利润，所以，广义的分配是对投资收入和利润进行分割的活动，狭义的分配是对利润的分配。

四、财务管理的任务

企业财务管理的中心任务就是提高企业的经济效益，即以尽可能少的活劳动和物化劳动消耗与占用，生产出更多社会需要的产品。为了实现企业的这一中心任务，财务管理的具体任务有以下几方面：

（一）有效组织资金筹集与运用

企业进行生产经营活动，必须拥有一定数量的资金。因此，财务管理的具体任务之一是及时组织资金筹集，合理使用资金，提高资金利用的经济效益，保证企业生产经营活动的资金需要。

（二）降低成本，增加企业盈利

企业进行生产经营活动，必然要发生一定的生产经营耗费，同时获得一定的生产经营成果，并力争获得盈利。因此，财务管理任务的一个重要方面是利用成本、价格、利润、利息等经济杠杆，挖掘企业内部潜力，促进节约，降低消耗，增加企业盈利。

（三）正确分配收入

财务管理的一个重要任务就是正确分配企业收入。企业收入是多方面的，主要是销售产品所得的收入。企业的产品销售收入应根据以下原则进行分配：首先，应补偿已消耗的生产资料，即提取折旧费用来保证固定资产再生产，同时，补偿原材料、燃料等其他物资消耗；其次，按照社会主义分配原则和国家工资制度支付工资、津贴及奖金，然后剩余部分构成纯收入，纯收入按规定交纳所得税等税金后构成税后利润；最后，税后利润按规定提留公积金和公益金后便形成可向投资者分配的利润，这部分利润要在投资者之间合理分配。

第二节 筹资管理

一、筹资管理概述

筹资管理，主要指企业开展资金的筹集工作。在资金筹集的过程中，需要有渠道、方式和原则。其中，筹资渠道主要是指企业筹集资金的主要途径或者主要来源。筹资方式是企业筹集资金中使用的主要方式。

（一）筹资渠道

企业筹资渠道具体来说有以下几种：

1. 国家财政资金

由代表国家的政府部门或机构以国有资产投入企业形成国家资本金。在我国的国有企业中，国家财政资金占主导地位。

2. 银行信贷资金

银行分为商业性银行和政策性银行，它们分别为企业提供商业性贷款和政策性贷款。银行信贷资金雄厚，贷款方式灵活，有利于宏观调控，是企业重要的筹资渠道。

3. 非银行金融机构资金

非银行金融机构包括保险公司、信托投资公司、信用合作社、证券公司、租赁公司、企业集团的财务公司等。

4. 其他法人单位资金

其他法人单位资金包括企业法人单位资金和社会法人单位资金。它是企业法人和社会法人以其可以支配的资产对企业投资，或以闲置资金与企业进行资金融通等形成的资金。

5. 民间资金

民间资金是指城乡居民手中持有的资金。

6. 企业内部资金

企业内部资金主要是计提折旧、资本公积金、提取的盈余公积、未分配利润而形成的资金。

7. 境外资金

境外资金包括境外投资者投入资金和借用外资，如进口物资延期付款、补偿贸易国际租赁、在国外发行企业债券等。

（二）筹资方式

1. 财政拨款

财政拨款是指财政部门代表国家对企业投资。这种投资分为两种情况：一是作为企业的资本金投入，此时，国家以股东身份出现，并参与企业的利润分配，不收取投资利息；二是作为扶植重点企业的周转金投入，这是一种贷款方式，此时国家只收取投资利息，不参与企业的利润分配。

2. 银行借款

银行借款是指企业向银行取得的长期或短期借款。由于银行是国家金融市场的主体，资金雄厚，因此，银行贷款是企业进行负债经营时采取的主要筹资方式。

3. 内部积累

内部积累是指企业通过从所得税后利润中提取的盈余公积金，将其转增资本金的筹资方式。它既有利于扩大企业生产经营规模，又可减少财务风险，是企业长期采用的一种筹资方式。

4. 发行股票

发行股票是指股份制企业通过采用发行股票的方式，吸收各类股东投资。这是企业向社会集资的一种形式。

5. 发行债券

发行债券是指企业向社会，包括其他企事业单位和个人发行债券吸收社会资金的一种形式。

6. 租赁

租赁是指出租人以收取租金为条件，在契约合同规定的期限内将资产转让给承租人使用的业务活动，它是解决企业资金来源的一种筹资方式。

7. 商业信用

商业信用是指为买卖商品而延期付款或预收货款而形成的借贷关系，是企业之间相互提供的信用。

8. 利用外资

利用外资是指利用来自国外的资金。国家统一安排的形式有：政府间贷款、国际金融组织贷款等。企业可以利用的方式有：举办中外合资经营企业，中外合作经营企业，开展来料加工、来料装配、来样生产和补偿贸易业务，利用出口信贷购买机器设备，等等。

（三）筹资原则

1. 合理性原则

企业在筹集资金之前，要合理确定资金的需要量，在此基础上拟订筹集资金计划，以需定筹，以防止筹资不足影响生产经营或筹资过低降低筹资效果。

2. 及时性原则

企业筹集资金应根据资金的投放使用时间来合理安排，使筹资和用资在时间上相衔接，避免超前筹资造成投用前的闲置和浪费，或滞后筹资影响生产经营的正常进行。

3. 效益性原则

各种筹资方式的资金成本各不相同，筹资风险也大小不一，取得资金的难易程度不尽一致。筹资时应考虑多种筹资方式的资金成本和筹资风险因素，实现最佳的筹资效果组合。

4. 科学性原则

要科学地确定企业资金来源结构，实现筹资方式的最佳组合。科学地确定企业资金来源结构包括以下两方面内容：一是合理安排主权资本和借入资本的比例；二是合理安排长期资金来源与短期资金来源的比例。在筹资时，一方面要正确运用负债经营，合理安排主权资本与借入资本的比例，适时、适度地负债经营；另一方面要权衡利弊，根据具体情况合理安排长期资金来源与短期资金来源的比例。

二、自有资金筹集

自有资金的筹集，主要是指投资者的资本投入，以及在企业经营的过程中形成的资本积累。自有资金，也被称为主权资金。一般情况下，企业的出资人，是企业的所有者，对企业具有完全的所有权。企业可以独立地支配财产，并且享受全部的财产权益。

企业开展的自有资金筹集过程中，使用的方法也被称为股权性的筹资，常见的有直接投资、发行股票、联营集资、内部积累等几种具体的方式方法。

（一）吸收直接投资

吸收直接投资，是企业在生产经营的过程中，吸收国家、单位、个人等资金的一种方式方法。这个过程中，需要企业和投资方共同遵守投资、经营、风险、利润均等的原则。这种方法也是企业常用的一种吸收资金方式。

1.企业吸收直接投资的条件

企业采用吸收直接投资方式筹集主权资本金，必须符合以下几个条件：

第一，只有非股份制企业，包括国有企业、集体企业、合资或合作企业等，可以采用吸收直接投资方式筹集主权资本，股份制企业不采用吸收直接投资这种筹资方式。

第二，企业采用吸收直接投资方式取得的非现金资金，必须是企业生产经营、科研开发所必需的。吸收的无形资产（不包括土地使用权）一般不得超过其注册资本的20%。

第三，企业采用吸收直接投资方式取得的非现金资产，包括流动资产、固定资产、无形资产，必须进行公正合理的估价。

2.企业吸收直接投资的种类

企业吸收直接投资的方式，主要有以下几种：

第一种是吸收国家的投资，这种方式主要是对国家的财政资金进行吸收应用；第二种是吸收企事业单位的资金，并且在资金吸收之后转化成为法人资本金；第三种是对居民、员工等个人的资金进行吸收；第四种是对国外资金的吸收。

3.企业吸收直接投资的程序

企业吸收直接投资，一般应遵循以下程序：

（1）确定吸收直接投资的数量

企业因新建或扩大规模而吸收直接投资时，首先应合理确定采用吸收直接投资筹资方式筹集资金的数量，这就需要核定资金需要量，并确定理想的资本结构，由此确定吸收直接投资的数量。

（2）确定吸收直接投资的具体形式

企业应根据生产经营活动的需要和不同形式对企业的不同影响，合理选择吸收直接投资的方向和具体形式。

（3）决定、合同或协议等文件

企业吸收直接投资，应由有关方面签署决定、合同或协议等书面文件。国有企业由国家授权的投资机构或国家授权的部门签署创建或增资拨款决定，合资或合营企业由合资或合营方共同签订合资或增资协议。

（4）按规定或计划取得资金

吸收国家现金直接投资的，通常有拨款计划，企业按计划取得现金。吸收非现金资产投资的，先进行合理估价，然后办理产权的转移手续，取得资金。

4. 直接投资中的出资形式

在直接投资的过程中，主要使用的资金投入形式有以下几种：

（1）现金投资

现金投资的方式使用，主要是对企业进行货币资金的直接投资。这种方式的应用最为常见。企业在获得货币资金之后，能够开展生产资料的购买，生产费用的支付具有灵活使用的效果。这种方式也是企业最喜欢的一种投资方式。

（2）实物投资

实物投资，主要是对企业进行固定资产、流动资产的投资。比如投入房屋、设备、生产材料等。

（3）工业产权和非专利技术投资

工业产权的投入，主要是指商标权、专利权、商业荣誉等权利的投资。这种投资的形式使用能够在一定程度上增加企业的无形资产。

（4）土地使用权

土地使用权，是一种相对独立的权利。指的是土地经营者能够对土地在使用的时间段，开展建筑、生产或者其他生产活动的权利。这种投资方式的应用，也是投资企业的一种方式方法。在土地使用权限的时间内，所有者不能对这些土地进行随意的回收、干预等。

（二）发行股票

1. 股票的概念

股票是股份公司发给股东证明其所入股份的一种书面证书，是股东有权取得股利的有价证券，它可以有偿转让作为抵押品成为资金市场主要的长期信用工具之一。

2.股票的面值与价格

股票本身没有价值，只是一种纸制的凭证，但在交易过程中常常使用股票面值的概念。所谓股票面值是指公司在发行股票时所标的票面金额（当然也有不标票面金额的情况）。所谓股票价格也称股票行市，是指在证券交易市场上买卖股票的价格。股票在最初发行时一般按票面价格出售，一旦股票在市场上买卖，股票的票面价格与股票价格就不一致了。

3.股票分类

股票可以按不同标志进行分类。

（1）按发行方式可以将股票分为记名股票和不记名股票

记名股票是指将股东姓名记入股票及股东名簿，分配股利时由企业书面通知股东。记名股票的转让受到一定限制。不记名股票是指股票上不记载所有者姓名，可以任意转让。

（2）按股东权利不同可以分为普通股票和优先股票

普通股票是股利随着企业利润的多少而变动的股票，是股票中最普通的一种形式，也是公司资金的基本来源。普通股的股东在股东大会上有表决权，有权参与企业的生产经营决策。优先股票是较普通股票有某些优先权的股票，其优先权体现在两方面：一是优先股的持有者享有固定的股利，且固定的股利支付在普通股持有者得到任何股利之前；二是当企业由于倒闭破产而进行清算时，优先股的持有者享有优先于普通股的剩余财产分配权。但当企业经营效益好时，优先股则不能像普通股那样得到较高的收益。优先股的股东在股东大会上没有表决权，无权参与企业的生产经营管理，仅对涉及优先权的问题有表决权。

（3）按票面是否标明金额分为有面值股票和无面值股票

有面值股票是根据每股金额在票面上标明每张股票的金额数量。这种股票可以直接确定每一股份在企业资金总额中所占的份额。无面值股票则不标明每张股票的面值，仅将企业资金分为若干股份，在股票上载明股数。

（4）按其认股对象分为国家股、法人股和个人股

国家股是指国家以控股方式购买的股票，法人股是指企事业单位购买的股票，个人股是指企业职工和城乡居民购买的股票。

（5）按有无外商投资可以分为A种股票和B种股票

A种股票是指非外国和我国香港、澳门、台湾地区的投资者买卖的，以人民币标明股票面值，以人民币认购和交易的股票；B种股票是指专门供外国和我国香港、澳门、台湾地区的投资者买卖的，以人民币标明股票面值，以外币认购和进行交易的股票。

4.股票的发行与股利分配

企业发行股票的基本条件是：首先，股票发行者必须是具有法人地位的经济实体；其

次，必须经过国家指定的金融机关批准。此外，股票发行时还要向股民提供企业发行股票的章程及企业近期财务报表和注册会计师的验资证明。

企业发行股票应遵循以下原则：一是自愿认购原则，不可硬性摊派或强行认购；二是互惠互利原则，应使集资和投资双方都受益；三是共担风险原则，当企业出现了亏损甚至倒闭、破产时，集资者和投资者都要共担风险。

股利主要有现金股利、股票股利和财产股利三种形式。股份有限公司应先支付优先股股利，后支付普通股股利。

5. 股票筹资的优势

（1）普通股筹资的优势

这种筹资方式的应用，具有以下优势：

第一，普通股筹集的资金具有长久性，在规定的时间内能够长期使用。这种方式的应用，能够让企业以最低的成本获得资金，并对企业长期的发展更为有利。第二，这种方式筹集的资金使用中，不形成股利，具体的股利支付和企业的实际经营效益有直接的关系，对企业的财务影响作用较小，并且在没有到约定的时间，不需要支付利息，对企业来讲，风险更小。第三，这种方式获得的资金，是企业最原始的资本，也是企业经营实力的综合反映，能够为后续使用其他资金的筹集方式提供借鉴，保障更多债权人的权益。第四，这种方式会设置更高的预期收益，更具有吸引力，更容易获得资金的成功筹集。

（2）优先股筹资的优势

优先股筹资的主要优点是：与普通股一样，可以使公司获得稳定的长期资金供给，但由于优先股股东一般没有投票权，公司利用优先股筹资不会分散公司的控制权；发行优先股股票时按公司章程加上提前收回条款，可给筹资公司以筹资的灵活性；优先股的股利固定，便于公司利用财务杠杆优化资金结构。

（三）联营集资

联营集资是指在自愿互利的基础上，由两个以上具有法人地位的企业，就同一产业的有关生产过程和生产环节而组成利益均沾、风险共担的经济联合体。

企业联合经营是多种生产要素的结合，其目的在于发挥群众优势。它有多种形式，如直接筹资联营。

联合经营，就受资企业来说，意味着利用他人的资金来进行生产经营活动，是一种筹资行为；而就出资企业投出资金用以谋求收益来看，则是一种投资行为。联营企业出资单位所投入的资金，为本单位可以自行支配的多余资金，如暂时闲置不用或准备用于投资的实收资本、公积金、未分配利润等。投资方可以用现金投资，也可以用实物和无形资产投资。

（四）内部积累

企业的内部积累资金，主要指的是企业在税后，对利润进行再分配，形成的公积金。

企业在税后形成的利润，并不能全部返还给投资者，还需要按照一定的比例，提取公积金，作为企业后续发展的资金来源。这些资金在企业的生产经营过程中，可以进行固定资产的购买，也可以进行固定资产的更新，流动资产的采购、新产品、新技术的研发等活动。

企业的内部积累，是企业生产经营过程中重要的资金保障。这种方式的应用，不需要外界力量的介入，不需要支付筹集资金中形成的费用支出，成本更低。因此，企业需要不断地改进生产经营管理的效率，提高企业的效益，进一步提升内部积累资金的增加。

三、借入资金筹集

借入资金，主要是企业通过向银行、金融机构、企事业单位开展的资金吸收方法使用。这种方法筹集的资金，被称为负债资金。对企业进行借入资金的属于企业的债权人，对企业具有一定的债券权益，可以要求企业根据约定进行本金、利息的支付。因此，这种资金的筹集方法，也被称为债券性资金筹集。常用的方式有银行借款、债券、租赁等。

（一）银行借款

1. 银行借款的概念

银行借款是指企业根据借款合同向银行及其他金融机构借入的需要还本付息的款项。这是企业筹集资金的一种重要方式。

2. 银行借款的种类

银行借款按期限长短可以分为长期借款和短期借款。

（1）长期借款

长期借款是指企业借入的期限超过 1 年的借款。从其用途来看，主要有以下几种：一是固定资产投资借款。主要用于固定资产的新建、改建、扩建等基本建设项目，包括进行基本建设工程、购建固定资产、基建工程储备材料和设备等。二是更新改造借款。主要用于企业对原有设备进行更新和房屋建筑物的重建。三是科研开发借款。主要用于企业根据国家规定的任务采用新技术，研究、开发新产品。

（2）短期借款

短期借款是指企业借入期限在 1 年以内的借款。从用途来看，主要有以下几种：一是生产周转借款。主要指企业为满足生产周转的需要，在确定的流动资产计划占用额缺乏足够的资金来源时而向银行取得的借款。二是临时借款。主要指企业在生产经营过程中由于临时性或季节性原因需要超计划储备物资而向银行取得的借款。

3.银行借款筹资的优势

银行借款筹资的优势是：一是与发行各种证券相比，取得借款快；二是与发行债券相比，借款利息较低，且发行费用少；三是企业与银行直接接触，借款事项可直接协商，易达成协议。

（二）发行债券

1.债券的概念与特点

企业债券，是企业在法律规定的基础上，按照一定的程序发行的，并且需要在约定的时间期限内，对本金、利息进行支付的一种有价证券。这种债券的发行，主要是企业为筹集更多的资金，能够发挥出债权凭证的作用。企业通过发行债券的方式，进行资金的筹集，是企业负债筹资过程中一种常用的方法。这种方法的使用和股票筹资具有差异性。其特点有以下几点：筹集资金需要按照约定的时间及时偿还；企业的经营状况并不影响利息的支付，企业需要承担固定的资金压力；这种方式获取的资本比股票筹集资金的成本更少，并且不影响企业的实际控制权。

2.债券的种类

企业发行的债券中，根据持有债券的人是否有具体的名称，还被分为记名债券、不记名债券两种。这种区分的方式方法和股票的划分是相似的。这两种债券在进行转让的过程中，也和记名股票、不记名股票的转让具有相似性。

企业发行的债券中，根据能不能进行公司股票的转化，还分为可转化的债券、不可转化的债券两种。一般情况下，可转化的债券需要支付的利率相对更低。

除了以上这种形式，企业发行的债券中，还可以根据有没有财产担保，分为抵押的债券、信用的债券两种形式；还可以根据能不能上市的情况，分为上市债券、非上市债券两种。

3.债券的发行

企业要发行债券，必须具备相应的资格与条件，采用合适的发行方式，遵循一定的发行程序。

4.债券筹资的优势

债券筹资具有如下优点：

（1）筹资成本低

与股票筹资相比，债券筹资的发行费用和资金占有费用较低。

（2）具有财务杠杆作用

债券利息固定，且可在税前到支，因此，企业利润的增加会给股东带来杠杆效益，增加股东和企业的财富。

（3）有利于保障股东对企业的控制权

由于债券持有者无权参与企业管理决策，因此通过债券筹资，既不会稀释股东对企业的控制权，又能扩大企业投资规模。

（4）有利于资本结构的调整

当企业负债比例过高时，企业将部分可转换债券转换为普通股股票，则对调整其资本结构十分有利。

（三）租赁

1. 租赁的概念

租赁，是出租人通过资产的租让，收取一定的租金，并按照约定的时间期限，由承租方享受资产使用。作为一种交易的方式，租赁的产生非常多见。在现代企业的发展过程中，通过租赁活动，实现资金的筹集，是一种常用的方法。在现代租赁活动中，经常使用的租赁形式有经营性、融资性两种。

2. 经营性租赁

这种租赁方法的使用，是通过租赁公司，对承租方提供短期内的设备使用权益，并且在这个过程中，还需要承担设备的维护、保养、使用责任。

经营性租赁具有以下特点：

租赁公司会根据市场的需求，选择具体出租哪些设备，然后再为设备寻找承租者。

租赁的时间不长，要在租赁设备的使用期限之内，一旦超过租赁设备的使用期限，有权中途解决。

租赁公司需要承担设备在租赁期间的维护、保养费用。

租赁时间结束，或者中止，租赁的资产需要由租赁公司及时地回收。

3. 融资性租赁

这种租赁方法的使用中，租赁公司需要根据承租方的要求，进行设备的购买，并建立较长时间的租赁使用协议或者合同，承租方在这个时间内使用设备，并支付相应的租金。这种租赁方法的使用，具有以下特点：

租赁公司需要提前进行资金的融通，保证能够按照承租方的要求购买设备，然后实现租赁事实。

承租方需要根据合同的约定，定期地向租赁公司支付租金，租赁公司可以通过租金的回收，偿还融通的资金。

这种租赁的时间较长，根据设备的情况，在 3~10 年之间。并且这种合同在生效之后，不能解除。

合同在到期之后，设备的处理方式一般有三种：第一种是归还租赁公司，第二种是继续租赁，第三种是由承租方通过和租赁公司约定的价格，购买设备，转移产权。

从上述融资性租赁的特点可以看出其优点表现为：首先，企业在筹资时不必先筹集资金购买设备，而是先取得设备的使用权，这对在生产经营过程中急需某种设备而一时又难筹资金的企业特别适用；其次，利用这种租赁方式，企业可以选择租赁先进设备，提高劳动生产率，也可减少无形损耗，并消除了设备的最后处理问题。

（四）商业信用

商业信用，是在商品交易的过程中，通过延期付款、预收货款等不同的方式，开展的购销活动中，双方形成的借贷关系。这种关系，体现出企业之间的信用。商业信用的产生，主要是由于商品在交易中，货币和物品在空间、时间上的分离造成的。商业信用主要有两种形式，即先收货后付款、先付款后发货。具体表现为以下四种类型：

1. 应付账款

应付账款，也被称为赊购商品。作为一种常见的商业信用类型，能够在短时间内缓解企业的资金压力，也更有利于企业进行商品的推销。应付账款，和应付票据在具体的使用中是不同的，主要表现为欠账。并且在这个过程中，买卖双方并不需要签订正式的借贷证明，完全建立在企业的信用基础上。但是在购买商品的一方出现资金问题的情况下，会造成欠款的长期拖欠。

2. 商业汇票

商业汇票，是企业之间，结合购销合同的约定，约定可以延期付款的商品在进行交易的过程中，开具的一种票据。这种票据能够真实地反映出双方的债权债务关系。

商业汇票，一般是售卖商品的企业签发的，也可以由购买商品的企业签发，双方需要约定时间，在规定的时间内完成商品的款项清付。商业汇票在签发之后，只有得到承兑才生效。也就是买卖商品的企业双方，都要在该汇票上签章，承认该汇票，并确认到期付款。

商业汇票根据不同的承兑人，有商业承兑、银行承兑两种不同的分类。商业承兑汇票是售卖商品的企业或者购买商品的企业开具的，并且需要得到购买商品企业的承兑；银行承兑汇票，是需要得到购买商品企业开户的银行承兑。不管是哪一种汇票，一经承兑，都具有效力，企业双方不管是在一个城市，还是在不同的城市，都能使用。

汇票承兑的时间，一般是双方协商之后确定的。一般情况下不能超过 9 个月。在时间到达之后，承兑人要无条件地进行款项支付。

商业票据，是期票的一种，在财务的处理过程中，需要按照票据的处理标准进行处理。但是对商品的购买企业来讲，也是一种筹集资金的方法，在短期内发挥作用。

商业汇票，是商业票据的一种，有无息和有息两种区分。其中有息票据的开具中，企业承担票据利息的行为，也可以理解为筹集资本的成本投入。

3. 票据贴现

票据贴现，是持有票据的一方，将商业票据转让给银行，贴付相应的利息，获取银行资金。作为一种企业经营中常见的借贷类型，是建立在企业商业信用的基础上的。银行在贴现商业票据的过程中，支付给企业的资金一定是少于票面金额的，其中的差额是贴现息。贴现息和票面金额之间的比率被称为贴现率。

通过使用票据贴现的方法，企业能够获得短时间的资金筹集，也能够对购买商品的企业提供资金融通。

4. 预收货款

预收货款，是销售购买商品的企业双方，根据合同的约定，在商品发货之前，收取购买方的部分款项，或者全部款项的一种行为。这种行为也是建立在双方信用的基础上。这种类型也可以理解为销售企业向购买企业临时借款，然后通过商品销售的方式进行借款的归还。在日常的商业信用中，这种形式也比较常见。

第三节　资产管理

企业的资产按其流动性，可以分为流动资产和非流动资产两大类。流动资产包括货币资金、应收或预付账款和存货；非流动资产包括固定资产、无形资产、递延资产、其他资产等。资产组合就是企业资产总额中流动资产和非流动资产按一定比例进行的组合。

一、流动资产管理

流动资产是企业资产的重要组成部分，是相对固定资产而言的，是指企业在 1 年内或超过 1 年的一个营业周期内可以变现或者运用的资产，包括现金及各种存款、应收及预付款项、存货等。

（一）货币资金管理

货币资金是指存在于货币形态的资金，即存放在企业内的现金和存放在银行的各种银行存款。货币资金是企业流动资产中流动性最强、最主要的组成项目。在企业的生产经营过程中，经常会发生货币资金的收付业务，其中，有的采用现金结算方式，用现金支付；有的采用转账结算方式，由银行存款支付。

1. 现金的日常管理

（1）国家规定的现金使用范围

国家对现金使用范围有明确规定，包括以下几方面：职工工资、津贴；个人劳动报酬；根据国家规定颁发给个人的科学技术、文化艺术、体育等各种奖金；各种劳保、福利费以及国家规定的对个人的其他支出；向个人收购农副产品和其他物资的价款；出差人员必须随身携带的差旅费；结算起点以下的零星支出；银行确定需要支付的其他支出。

（2）核定库存现金限额

企业库存现金限额，由开户银行根据企业实际需要量和距银行的远近核定企业 3～5 天日常开支所需库存现金限额。边远地区和交通不便地区的企业的库存现金限额，可以多于 5 天，但不得超过 15 天的日常零星开支。企业超过库存现金限额的现金，应由出纳人员及时送存银行，不得坐支现金。

（3）实行内部牵制制度

在现金的日常管理中，要实行钱账分开的原则，管钱的不管账，管账的不管钱，出纳人员和会计人员相互牵制，相互监督。凡有现金收付，应坚持复核制度，减少差错，堵塞漏洞。现金收支应做到日清月结。凡出纳人员调换时，必须办理交接手续，做到责任清楚。

2. 银行存款的日常管理

（1）转账结算

根据我国有关规定，各单位之间的一切经济往来，包括产品销售、劳务供应等的货币资金结算，除结算起点以下的零星开支以外，都应通过银行进行转账结算。银行转账结算的方式很多，主要包括银行汇票、商业汇票、支票、汇兑、委托收款、托收承付等。

（2）银行存款类型

企业除被核定的库存现金以外的货币资金，都应存往银行，由银行统一管理。企业银行存款主要有以下三种类型：

①结算户存款

结算户存款是指企业为结算而存放在银行的款项。其资金主要来自企业出售商品的货款、提供劳务的收入、银行贷款转入货币资金等方面。结算户存款是企业随时可以支取的存款，它与现金一样灵活，但结算户存款的利息率很低，企业获得的报酬很少。

②单位定期存款

单位定期存款是企业按银行规定的存储期限存入银行的款项。企业向用户行办理定期存款，应将存款金额从结算户转入专户存储，由银行签发存单。存款到期凭存单支取，但只能转入结算户，不准支取现金。单位定期存款的利率比较高，但使用不太方便，只有闲置的、一定时期不准备用的货币资金才能进行定期存款。

③信托存款

信托存款是托信银行部门受企业委托代为管理和营运的资金。

（3）做好货币资金的日常管理工作

为了保证银行存款的安全，企业应按期对银行存款进行调查，当结算户存款结余过多，一定时期内又不准备使用时，可转入定期存款，以获取更多的利息收入。企业应力求与银行保持良好的关系，以便使企业借款、还款、转账结算能顺利进行。同时，企业不得出租、出借银行账户，不得签发空头支票和远期支票，不得套用银行信用，不得保存账外公款，包括不得将公款以个人名义存入银行和保存账外现钞等各种形式的账外公款。

（二）应收及预付款项管理

企业在经济往来中经常会出现一些待结未结的应收、预付款项，它主要包括应收账款、应收票据、其他应收款和预付账款。

应收账款是企业因对外销售产品或提供劳务后，应向购货单位或接受劳务的单位收取的款项。应收票据是企业采用商业汇票结算方式时，因销售商品等而收到的商业汇票。其他应收款是指除应收账款、应收票据之外的应收款项，包括应收的各种赔款、罚款、出租包装物租金等。预付账款是指企业按购货合同规定，预付给供货单位的一部分货款。

应收及预付款项都是商业信用的产物，是企业在结算过程中占用的流动资金，属于企业的短期债权。

应收及预付款项的管理包括以下内容：

1. 信用评估

通过采取直接或间接方法对企业客户的信用情况进行调查分析，并根据客户的信用资格，评估出客户的信用等级。

2. 编制应收账款计划

编制应收账款计划的主要内容是核定应收账款的成本，计算应收账款余额；掌握有关应收账款信息；估计坏账损失比率，计提坏账准备金。

3. 信用决策

根据企业自身的运营情况及信用评估的有关信息，制定出具体的应收账款政策。其主要内容由信用期、信用标准、现金折扣率和收款政策组成。

4. 应收账款控制

应收账款主要包括制定应收账款责任管理制度和催收账款的日常管理。

（三）存货管理

存货是指企业在生产经营过程中为销售或者耗用而存放的各类货物的总称，包括各种原材料、包装物、低值易耗品、再产品、自制半成品、产成品等。企业存货的范围是根据对存货是否具有所有权来作为划分标准的，凡是属于企业的各类货物，不论存放在哪里，都是企业的存货。

存货管理具有以下意义：

第一，保证企业生产及销售计划的顺利完成，促进社会生产的发展。企业的中心任务是扩大销售，为了保证生产和销售工作的正常进行，企业都要储备一定品种和数量的存货。没有必要的储备，企业很难保证生产经营活动的正常进行。但如果企业储备存货过多，不仅会造成资金的严重积压，也给管理工作带来困难。因此，加强存货管理，使存货保持在最适宜的水平，是企业顺利进行生产和销售的保证。

第二，节约费用开支，提高经济效益。存储存货必然形成相应的费用开支，费用开支与存储的存货量和存储的时间成正比，存货管理就是要在满足生产销售需要的前提下，使存货量尽可能小，存储时间尽可能短，以便节约费用，提高效益。

第三，提高了企业经营活动的灵活性。企业发展离不开资金，加强存货管理，可以减少存货，利用这部分存货所占用的资金，可以使企业的经营活动向新的方向或阶段发展。

存货管理的主要措施是：合理确定保险储备数量；对存货实行 ABC 分类管理；合理确定生产批量与订货数量，尽可能地按经济批量组织生产和订货；对不经常使用而价值较高的修理备件、工具、量具，当存货不足影响生产引起的缺货损失低于存储费用时，可以减少存货，待需要时采取措施及时解决。此外，降低物资供应在途日数和产成品销售发运日数也是减少资金占用、加速资金周转的重要措施。

二、固定资产管理

（一）固定资产概述

1. 固定资产的概念

固定资产是指使用年限超过 1 年的房屋、建筑物、机器、机械、运输工具，以及其他与生产经营有关的设备器具和工具等。不属于生产经营主要设备的物品，单位价值在 2000 元以上并且使用年限超过 2 年的，也属于固定资产。除此之外，其他为低值易耗品。

把劳动资料划分为固定资产和低值易耗品两项是人为规定的，并非它的基本属性不同。因此，这些标准并非一成不变，它应与企业的具体条件与管理相适应。

2. 固定资产的分类

为了加强固定资产的管理，企业必须对固定资产进行科学分类。

（1）固定资产按其经济用途分类

可以分为生产经营用固定资产和非生产经营用固定资产。生产经营用固定资产是指直接用于生产经营、科研开发和服务活动的各种固定资产，如生产部门、销售机构和科研部门使用的房屋、设备、仪器用具等。非生产经营用固定资产是指用于职工文化教育、医疗卫生等方面的各种固定资产，如职工宿舍、俱乐部和医务部门所使用的房屋、设备等。

（2）按使用情况分类

可以分为使用中、未使用、不需要和封存固定资产。使用中固定资产是指正在使用中的各种固定资产。

（3）按产权关系

可以分为自有、融资租入固定资产。自有固定资产是指企业自己购置或建造，产权归企业自己所有的固定资产。融资租入固定资产是指企业根据融资租赁合同以融资租入方式租入的资产。在融资租赁合同期满以前，企业对这类固定资产只有使用权没有所有权。

3. 固定资产的计价

正确地对固定资产进行计价是固定资产管理的根本。常用的计价标准一般有以下几种：

（1）原始价值

原始价值指在购建或建造该固定资产时所支付的货币总额。按原始价值计价可以反映固定资产的原始投资、企业规模的大小。

（2）重置价值

重置价值指在现有生产技术条件下，重新购进该项固定资产所需的全部支出。按重置价值计价，可以对企业固定资产的盘盈、接受赠予及重估等财产确定计价标准。

（3）净值

净值指固定资产的原值或重置价值减去已计提折旧累计数后的余额。它反映了固定资产的现有价值和新旧程度。

（二）固定资产管理的主要内容

1. 固定资产需要量预测

企业的固定资产数量及其利用情况，在一定程度上决定了企业的生产经营规模。如果固定资产规模不足以应付生产经营的实际需要，就会阻碍企业的发展。但是如果企业固定资产投资超过了生产经营的实际需要，也会造成生产能力的浪费。因此，企业在生产经营之初，为保证企业生产能力，提高企业资金利用效率，必须对固定资产需要量进行准确的预测。

预测固定资产需要量应注意结合企业具体情况，抓住重点。在全部固定资产中，生产设备是决定生产的基本因素，它的数量很多，构成复杂，占用资金最多。因此，要重点搞好生产设备的预测工作。预测生产设备需要量的基本方法是以生产能力和生产任务相对照，即在测定生产能力基础上和生产任务平衡计算需要量。计算公式为：

某项设备需要量 = 计划生产任务（实物量或台时数）/ 单台设备生产能力（实物量或台时数）

其中，计划生产任务是企业根据市场需求确定的当年计划指标，它可以用实物量计算，也可以用台时数计算。

企业在预测固定资产需要量确定各种不足或多余的固定资产以后，要根据实际情况及时进行补充和处理。对须补充的资产，要按照技术先进、经济合理的原则，选择最优的方案，以合理配置固定资产，改善企业生产的技术状况，扩大企业生产能力，提高企业经济效益。

2. 固定资产折旧

固定资产发生损耗后，首先要以折旧费的形式将已损耗的价值计入成本费用，构成产品价值的一部分，然后，随着产品的销售，又从产品销售收入中收回相应的货币资金，作为固定资产损耗部分价值补偿的准备金。

固定资产损耗的价值，包括有形损耗和无形损耗两部分。有形损耗的价值是指固定资产因使用和自然力的作用而损耗的价值。无形损耗的价值是指因劳动生产率的提高和先进设备的出现，使固定资产贬值或提前更新而损失的价值。不论是有形损耗的价值，还是无形损耗的价值，都应予以合理补偿。正确计提固定资产折旧是实现固定资产的价值补偿和实物更新，保证企业再生产过程顺利进行的必要条件。

电力企业采用的折旧方法一般是平均年限法，该方法的特点就是将应提取的折旧总额，按固定资产的预计使用年限平均计算，所计算的每个时期的折旧额是相等的。其计算公式为：

固定资产折旧额 = （固定资产原始价值 - 预计净残值）/ 固定资产预计使用年限

3. 固定资产日常管理

固定资产的日常管理是保证固定资产完整无缺，提高固定资产利用效果的重要环节。固定资产的日常管理工作包括以下几方面：

（1）建立健全固定资产管理的各项基础工作

固定资产管理的基础工作主要是指编制固定资产目录、建立固定资产卡片和登记簿。编制固定资产目录就是根据企业实有的全部固定资产，进行分类和编号。建立固定资产卡片和登记簿是为了详细标明固定资产的明细内容，及时准确地反映固定资产增减变化及使用、转移等情况。

（2）实行固定资产的归口分级管理制度

固定资产的归口分级管理就是企业在总经理的统一领导下，按照固定资产的类别，由有关职能部门负责具体管理，并进一步落实到班组和个人。为了做好固定资产的归口分级管理，企业要建立健全各项管理制度。一般应建立的主要制度有固定资产目录、固定资产技术档案管理制度、固定资产安全技术操作规程等。

（3）加强固定资产增加和减少的管理

固定资产增加管理是指财务部门对建造完工交付使用或购买和调入的固定资产，要与资产管理部门配合，认真验收。同时，根据固定资产的交接凭证做好数量清点、质量检查和价格核实等工作。固定资产的减少管理是指企业对不需要的机器设备经有关领导部门审批后，按规定的手续调拨或转让给其他企业。在调出固定资产时，财务部门要协同资产管理部门办理移交手续，同时还要核实调拨手续，查明调出的设备，有无资产管理部门出具的调拨单，调拨单是否正确合理等，并按调拨单核对调出设备的名称、规格、型号、主机、附件等。

（4）建立固定资产定期清查盘点制度

为了保证固定资产的完整无损，必须建立固定资产定期清查盘点制度。在清查过程中，财会人员要与资产管理人员以及有关使用人员配合，到现场进行固定资产数量的盘查，同时，还要检查固定资产的使用和维护情况。

三、无形资产、递延资产和其他资产管理

（一）无形资产

1. 无形资产的概念

无形资产是指企业长期使用但没有实物形态的资产，包括专利权、商标权、土地使用权、非专利技术和商誉等。无形资产是无形固定资产的简称。它是企业有偿取得、长期使用，能使企业获得较高的盈利水平但又无实物形态的资产。

2. 无形资产的分类

无形资产可以按不同的标志进行分类：

（1）按其内容和性质分

无形资产可以分为专利权、版权、商标权、土地使用权、经营特许权、专有技术和商誉等。专利权是指国家专利机关根据发明人的申请，经审查合格而授予发明人于一定年限内有专造或专卖其发明创造成果的一种权利。版权是指国家版权管理部门依法授予著作或文艺作品作者于一定年限内发表、再版和发行其作品的权利。商标权是指为标明某类商品

而使用特定词语、名称及图案的权利。土地使用权是指按照国家或地方政府的规定，购置使用土地，支付费用后而取得的使用权利。经营特许权是指获准在一定区域内生产或销售某种特定商标产品及劳务的专有权利。专有技术是指所有人未申请专利或不够专利的条件，因而不为外界所知的技术知识和制造方法。商誉是指企业由于所处地理位置优越，或信誉卓著，经营出色、生产效率高、历史悠久、经验丰富、技术先进等原因，与同行业相比可获取超额利润而形成的价值。

（2）按来源分

无形资产可以分为外单位投入的无形资产、外购的无形资产和自创的无形资产。外单位投入的无形资产是指企业在合资、合作等过程中，外单位以评估作价的无形资产，如土地使用权等，作为投资的一部分投入企业的无形资产。外购无形资产是指企业以一定代价从外单位购入的无形资产，如商标权等。自创无形资产是指企业自行开发、研究、创造的无形资产，如商誉、专有技术等。

（3）按使用年限分

无形资产根据期限的约定可以分为有期限的无形资产、无期限的无形资产两种形式。其中，有期限的无形资产，是具有一定的时间期限，比如，专利使用权利、商标使用权利等，都有一定的时间限制。无期限的无形资产是没有时间限制的，比如，企业的商业信誉等。

3. 无形资产的管理

（1）正确评估无形资产的价值

无形资产必须作为一项资产列入企业的资产负债表，因此，企业必须像对固定资产等进行评价一样，对无形资产做出正确的估价，以价值形式对无形资产进行核算和管理。对无形资产进行评估时，必须坚持以成本计价原则为基础，同时，充分考虑各相关因素对无形资产价值的影响。

（2）按照规定期限分期摊销已使用的无形资产

企业取得无形资产投入使用后，可使企业长期受益。因此，按照收入和费用的配比原则，企业应将已使用的无形资产在其有效期限内进行摊销，而不能将无形资产成本一次全部计入当期费用。

（3）充分发挥无形资产的效能

无形资产是企业重要的经济资源，充分发挥现有无形资产的效能，开拓经营理财业务，提高无形资产利用效果，对促进企业发展，提高企业经济效益具有十分重要的作用。

（4）做好无形资产的日常管理

在无形资产的日常管理中应注意以下两方面：一是要实行无形资产的分级归口管理，如专利权、专有技术应归口技术部门管理，商标权应归口销售部门管理等；二是要挖掘内部潜力，提高无形资产的利用率。提高无形资产的利用率可以通过以下两种方式：一是积极开拓市场，扩大产品的产销量，组织满负荷运行，使无形资产得到充分利用；二是组织无形资产的对外出售或转让。

（二）递延资产

1.递延资产的概念

递延资产是指不能全部计入当期收入，应当在以后年度内分期摊销的各项费用，包括开办费和以经营租赁方式租入的固定资产的改良工程支出。

2.递延资产的管理

开办费是指企业筹建期间发生的费用，包括筹建期间的人员工资、办公费、培训费、差旅费、印刷费、注册登记费，以及不计入固定资产和无形资产购建成本的汇兑损益、利息支出等。开办费从企业开始生产经营月份的次月起，按照不短于 5 年的期限平均摊入管理费用。

（三）其他资产

其他资产是指特准储备物资、银行冻结存款、冻结物资、涉及诉讼中的财产等。其他资产是一种特殊的资产，一般与企业的正常生产经营活动无关，不能获得资产收益。进行其他资产管理，主要是要保证其他资产账簿记录的真实性和正确性，保护企业其他资产实物形态的安全完整。

第四节 投资管理

一、内部长期投资管理

（一）内部长期投资概述

1.内部长期投资的概念

企业把资金投放到企业内部生产经营所需要的长期资产上，称为内部长期投资。内部长期投资主要包括固定资产投资和无形资产投资。

2. 内部长期投资的分类

内部长期投资可以按照不同的标志进行分类：

第一，根据投资在生产过程中的作用，其特点是把原来生产经营过程中回收的资金再重新投入生产过程；扩大再生产投资是为扩大企业现有的生产经营规模所进行的投资，其特点是追加资金投入，扩大企业资产的数量。

第二，按增加利润的途径，内部长期投资分为扩大收入投资和降低成本投资。扩大收入投资是指通过扩大业务生产经营规模，以便增加利润的投资；降低成本投资是指通过降低企业营业支出，以便增加利润的投资。

第三，按投资的性质，可以分为战略性投资和战术性投资。战略性投资是指涉及企业的整个发展方向和前途，如扩大企业规模、全厂性技术改造、开发新产品等。这类投资关系到企业的全局，应慎重决策。战术性投资是指只关系到企业某一局部的具体业务投资，如提高产品质量、降低产品成本等的投资。

第四，按投资项目之间的关系，可以分为独立性投资和相关性投资。独立性投资是指不管其他投资方案采纳和实施与否，其投资的收益和成本均不受其他方案的采纳、实施与否的影响而进行的投资。相关性投资是指技术上相互联系的投资。相关性投资的收益和成本是密切相关的，投资项目必须配套，应将各有关投资综合起来考虑，做出比较可行的决策。

3. 内部长期投资的特点

（1）投资回收时间较长

内部长期投资决策一旦做出，便会在较长时间内影响企业。一般内部长期投资中的固定资产投资都需要几年甚至几十年才能收回，因此，固定资产投资对企业今后长期的经济效益有着深远的影响，这就要求企业进行内部长期投资必须小心谨慎，认真进行可行性研究。

（2）变现能力较差

内部长期投资的实物形态主要是厂房和机器设备等固定资产，这些资产不宜改变用途，出售困难，变现能力较差。因此，内部长期投资一经完成，再想改变用途，不是无法实现，就是代价太大。

（3）实物与价值形态分离

内部长期投资完成投入使用以后，随着机器设备的磨损和厂房的老化，固定资产价值便有一部分脱离其实物形态，转化为货币资金，其余部分仍存在于实物形态中。在使用年限内，保留在固定资产实物形态上的价值逐渐减少，而脱离实物形态转化为货币准备金的价值逐渐增加，直到固定资产报废，其价值才得到完全补偿，实物也得到更新。这样，固定资产的价值与其实物形态又重新统一起来。

（4）投资的次数相对较少

企业内部长期资产投资一般较少发生，特别是大规模的固定资产投资，一般要几年甚至几十年才发生一次。虽然发生次数少，但每次资金的投放量却比较多，对企业未来的财务状况有较大的影响。根据这一特点，在进行内部长期投资时，可以有较多的时间进行专门的研究和评价，并要为内部长期投资做专门的筹资工作。

（二）现金流量

长期投资项目的现金流量是项目在整个寿命周期内的现金流入和现金流出的数量。一个投资项目的现金流入是指该项目引起的现金收入的数量，现金流出是指一个项目引起的现金支出量，在同一个时点上，现金流入与现金流出的差额则称为净现金流量。这里的"现金"不仅包括各种货币资金，还包括各种非货币资金的变现价值。

（三）项目投资决策方法

项目投资决策的评价方法分为两大类：一类是静态评价方法；另一类是动态评价方法。

1. 静态评价方法

静态评价方法是在不考虑资金时间价值的前提下，对方案在研究期内的收支情况进行分析、评价的方法。静态评价方法比较简单，易于计算，主要用于投资方案的初选阶段。静态评价方法主要有静态投资回收期法、投资收益率法等。

2. 动态评价方法

动态评价方法是在考虑资金时间价值的前提下，对方案在研究期内的收支情况进行分析、评价的方法。动态评价方法相对比较复杂，计算烦琐，主要用于投资方案的最终选择阶段。动态评价方法主要有动态投资回收期法、现值法、年值法和内部收益率法等。

（四）无形资产投资

无形资产是指企业所拥有的、没有物质实体的、可以使企业长期获得超额收益的资产。随着科学技术的进步和市场竞争的加剧，无形资产对企业越来越重要，对无形资产的管理成为企业财务管理的重要内容。

1. 无形资产的特点

无形资产是一种特殊的资产，一般具有以下特点：

（1）无形资产没有物质实体

无形资产不同于有形资产，它没有特定的物质实体，通常表现为企业所拥有的一种特殊权利。

（2）无形资产发挥作用的时间较长

无形资产一经取得，就可以为企业长期拥有，能在较长的时间内使用，并为企业带来收益。

（3）无形资产可以带来超额利润

无形资产能使企业在较长的时期内获得超出一般水平的经济效益，企业拥有的无形资产价值越高，其获利能力越强。

2. 无形资产的形式

无形资产的表现形式很多，主要包括以下内容：

（1）专利权

专利权是国家授予发明人在一定的有效期限内对发明创造的使用和转让的权利。

（2）专有技术

专有技术是指由企业研制和发明的生产、制造工艺过程的秘密和各种诀窍。这种技术不公开申请专利，而由发明者秘密保存。

（3）专营权

专营权是指政府或其他企业授予的经营某项业务的独占特权。其包括两类：一是由政府机构授权，准许企业使用公有财产或在一定地区享有经营某种业务的独占权，如公共交通、电力、电话、自来水、煤气等；二是一个企业根据合同授予另一个企业使用其商标、商号、专利权、专有技术的权利。

（4）场地使用权

场地使用权是根据有关法规和合同所获得的使用一定土地的权利。在我国，土地归国家所有，出资方不能用土地投资，只能用土地使用权来投资，企业对土地只有使用权，没有所有权。

（5）商标权

商标权是专门在某类指定的商品或产品上使用特定的名称或图案的权利。商标权以及类似的商号等对建立和取得消费者对某种商品的认同具有非常重要的意义。

（6）商誉

商誉是指一个企业由于种种原因所形成的营业状况特别好、资产报酬率超过同行业正常报酬的能力。这些原因可能包括：企业所处的地理位置比较优越；管理水平高，生产经营效率好；长期坚持信誉，顾客信任度高；技术特别先进；掌握了生产经营上的某些诀窍；等等。

3. 无形资产的分类

无形资产可以按照不同的标志进行分类：

第一，按有无有效期限，可以将无形资产分为有期限的无形资产和无期限的无形资产。有期限的无形资产都有法律或合同规定的最长有效期限，超过有效期限，就不能创造超额利润了，如专利权。无期限的无形资产一般没有具体规定的有限期，如商誉。

第二，按是否可以确指，可以将无形资产分为可确指的无形资产和不可确指的无形资产。可确指的无形资产能够单独辨认，如专利权、专营权等。这些资产可以单独取得，也可以与其他资产一起获得。不可确指的无形资产不能单独辨认，也不能单独取得，只能连同企业的全部净资产一并购入，如商誉。

第三，按是否受法律保护，可以将无形资产分为权利资产和非权利资产。权利资产是指受法律保护的无形资产，如专利权。非权利资产是指能帮助企业获得超额收益，但无法律保护的资产，如商誉、专有技术。

二、对外投资管理

（一）对外投资管理概述

电力企业对外投资是指电力企业在本身经济业务以外以现金、实物、无形资产或者购买债券、股票等有价证券向境内外的其他单位进行投资，以期在未来获得投资收益的经济行为。企业的对外投资不同于企业内部的投资、经营活动，但对外投资收益和对内投资收益构成了企业的总收益。

1.电力企业对外投资的种类

对外投资可以按不同的方式进行分类：

（1）按投资方式分类

按投资方式分类，对外投资分为直接投资和间接投资。直接投资也称为实物投资，是指直接运用现金、实物和无形资产等投入其他单位，直接形成生产能力，为日后的经营创造必要的条件。直接投资一般金额较大，发生相对集中，一方面需要投入资金，另一方面需要追加管理技术，不仅要对投资过程进行管理，而且要对投产后的产供销进行管理。直接投资又包括联营投资、兼并投资。间接投资也称为证券投资，它是指企业以购买有价证券（如股票、债券等）的方式对其他企业进行投资。

（2）按投资回收期不同分类

按投资回收期不同，对外投资分为短期投资和长期投资。短期投资是指可以随时变现，持有时间不超过1年的有价证券以及不超过1年的其他投资。短期投资的目的是利用生产经营中暂时闲置的资金谋求收益，因此，短期投资的有价证券通常是交易活跃、容易脱手的证券。

（3）按产权关系不同分类

按产权关系不同，对外投资可以分为股权投资和债权投资。股权投资是指企业以购买股票、兼并投资、联营投资等方式向被投资企业进行的投资。投资企业拥有被投资企业的股权，股权投资形成被投资方的资本金。债权投资是指企业以购买债券和租赁投资等方式向被投资企业进行的投资。投资企业是被投资企业的债权人，投资形成被投资者的负债。债权投资同股权投资相比，权利较小，但所担风险也小。

2. 电力企业对外投资的目的

电力企业对外投资就是将资金投放在企业外部以获得投资收益。具体来讲，企业对外投资的目的有许多，概括起来主要体现在以下几点：

（1）优化资源配置，提高资产利用效率

这是企业对外投资的主要目的。企业使用资产，开展经营活动，取得收益，并完成资本的积累，实现资本的不断增长。在这个过程中，企业一定要对现有的资产进行充分的利用，为提升企业的收益做好基础保障。一旦出现资产的闲置，都会影响企业的收益，造成浪费现象。在电力企业的生产过程中，电力需求的改变、企业内部管理的改变，都会不可避免地造成资产闲置的现象发生。为此，电力企业要充分地考虑对现有的资产进行多方面的利用，加大投资力度，或者资产重组，实现资源的优化应用，保障企业的综合收益。

（2）优化投资组合，降低经营风险

企业对外投资不全是因为资产闲置，或资产报酬率下降，有时也出于降低经营风险的考虑。电力企业在经营的过程中，产品类型比较单一，承担的经营风险也更大。在电力市场发生改变的情况下，企业的收益也会受到影响。为此，电力企业可以将资产进行转化投资，实现组合应用，以更好地应对企业在经营过程中面临的风险。

（3）提高资产的流动性，增强企业的偿债能力

资产的流动性，是决定企业偿债能力的一个标准。企业为更好地提升偿债能力，减少经营中的财务风险，一定要保证企业具备较高水平的资产流动性。企业的长期流动资产不强的情况下，不能将全部的资产用于债务的清还。一般情况下，现金可以用来还债，作为企业的一级储备进行保障，但是企业的现金在储备太多的情况下，企业资产的报酬率会下降。证券投资作为企业的二级储备进行保障，流动性低于现金。证券投资可以随时出售变现，用于偿还债务，既保持了资产的流动性，又可以增加企业的收益。

3. 电力企业对外投资的原则

电力企业进行对外投资，为了保证投资取得预期的效果，必须遵循以下四个原则：

（1）效益性原则

电力企业进行对外投资，首先要遵循效益性原则，即必须考虑投资项目本身的经济效益以及对企业整体经济效益的影响。要在综合考虑其他各种因素的基础上，尽可能选择一个经济效益最佳的投资项目。

（2）流动性原则

流动性原则是指企业对外投资具有良好的变现能力。企业对外投资种类很多，有的投资期限很长，一般不考虑在近期变现；有的只是为了充分利用现有的闲置资金，近期可能会有其他用途，这种投资就应当考虑其流动性，以便需要时随时变现。一般来说，证券投资的流动性比直接投资的流动性强。因此，电力企业要想提高对外投资的流动性，应以证券投资为主。

（3）安全性原则

安全性原则是指投资能够按期收回本金和应得的投资收益。企业的对外投资一般面临很多风险，一般风险与投资报酬率成反比，因此，企业必须在投资报酬和风险之间进行权衡。企业在对外投资时，要全面考虑被投资企业的财务状况、经营成果、行业特点以及发展前景等，以便保证对外投资的安全性。

（4）整体性原则

整体性原则是指企业的对外投资必须服从企业的整体经营活动。企业的对外投资活动是企业整体经营活动的一个重要组成部分，对外投资的目标必须与企业的总的经营目标相一致，只有这样才能提高企业的整体经济效益，才能有利于企业的可持续发展。

（二）对外直接投资

1. 对外直接投资的概念

直接投资也称为实物投资，是指直接运用现金、实物和无形资产等投入其他单位，直接形成生产能力，为日后的经营创造必要的条件。对外直接投资是电力企业的重要投资方式，它通常是一种长期的战略性投资，具有投资期限长、耗资多，不经常发生、变现能力差等特点。

2. 对外直接投资的方式

企业对外直接投资主要有以下几种方式：

（1）合资经营方式

合资经营方式是指投资企业通过与其他企业共同投资组建合资经营企业所进行的对外直接投资。合资经营企业是由投资各方按照共同投资、共同经营、共享利润、共担风险的原则设立的企业。合资经营企业是由两个以上的投资者共同出资设立的有限责任公司，具有独立的法人资格，以其全部财产作为企业从事经营活动的经济担保，合资各方以其出资额为限对企业债务承担有限责任。

（2）合作经营方式

合作经营方式是指投资企业与其他企业组建合作经营企业所进行的对外直接投资。合作经营是一种契约式的合营企业，它是指投资企业与其他企业通过签订合同、协议等形式规定各方面的权利和义务而组建的企业。合作经营企业在法律形式上可以是法人，也可以不是法人，各方投入的资本不必折成股份，投资各方的责任完全由投资协议来确定。这种投资方式比较灵活、简便，但不像合资企业那样规范。

（3）购并控股方式

购并控股方式是指通过兼并其他企业或者购买其他企业的部分股权以实现对被投资企业控股的目的所进行的对外直接投资。购并控股是企业对外投资的一种重要方式，它可以通过出资购买被投资企业资产的方式进行，也可以通过出资购买股票的方式实现对被投资企业的控股。

（三）对外间接投资

1.债券投资

债券投资是企业通过购入债券成为债券发行单位的债券人并获取债券利息的一种投资行为。这种投资行为可以在一级市场（发行市场）上进行，也可以在二级市场（交易市场）上进行。这种投资既可以用于长期投资，也可以用于短期投资。

债券投资相对股票投资而言，具有以下特点：

（1）债券投资属于债券性投资

债券投资是债券性投资的一种，债券持有人是发行公司的持有人，定期获得银行的利息，并且在约定时间到期之后，确保本金的回收。但是不能参与到企业的经营中。股票投资，是股权性投资的一种。股票的持有人，是公司的股东，有权利参与到企业的经营中。由此可见，债券主要体现的是一种债务关系，但是股票能够表现出所有权的关系。

（2）债券投资风险较小

债券投资的风险更小，具有必须偿还的特点。债券在进行发行的过程中，需要按照一定的时间，在规定的周期内支付投资者利息，并到期后归还本金。不同的发行主体，发行的债券存在不同的风险。比如，中央政府发行的国库债券，一般是由国家财政进行担保的，安全性最高。金融债券，是由实力很强的金融机构发行的，本息也具有较高的保障。企业债券是由企业发行的。企业想要发行债券，需要经过严格的审核，一般是企业的资信、经营情况都很好的基础上，才能发行债券。债券的投资者享受优先于股东的求偿权，本息的保障相对也比较高。

（3）债券投资的收益较稳定

债券在进行投资的过程中，产生的收益主要是利息、资本利得，收益相对固定。债券的票面利率是固定的，在投资者持有的周期中，能够按照约定取得稳定的收益，并不受市场行情的影响。另外，债券的投资者，还能通过市场，进行债券的转让、买卖，保障投资的本金，获得收益。

（4）债券投资的选择性比较大

债券根据不同的发行单位，可以分别为政府债券、金融债券、企业债券等不同的类型。还可以根据能不能转化为股票，分为转化债券、不可转化债券等形式。不同的债券，在期限、利率等方面的约定也是不同的。企业可以结合实际情况，从债券投资的风险、收益等方面，进行全面的分析，然后选择最适宜的债券，在投资的过程中，保障收益。

2. 股票投资

股票投资是指投资者为获取股利或在股市赚股票差价而购买并持有股票的一种投资行为。股票投资与债券投资相比主要具有以下特点：

（1）股票投资是股权性投资

股票投资是股权性的投资，和债券投资一样，都属于证券投资，但是两者具有不同的性质特点。其中，股票投资属于所有权的投资凭证，持有股票的人能够作为公司的股东，参与到企业的经营过程中；债券投资只代表债务关系，作为一种债权、债务的凭证，持有人享受获取收益的权益，但是不能参与到企业的经营中。

（2）股票投资风险大

股票的投资风险较大。其中，投资者在选择股票投资之后，不能要求本金的偿还，但是可以进行转让。其中投资者面临的风险，主要有两方面。第一，股票发行公司如果出现经营问题，会造成投资者的风险增大。在企业经营较好的情况下，投资者能够获得更高的收益；在企业经营情况不好的时候，投资者的收益会严重减少，甚至可能全部都不能回收。另外，股东的求偿权次于债券人，因此面临的风险更大。第二，股票市场的价格变化很大，存在一定的价差损失。股票的价格不仅受到市场的影响，还受到政治、经济、社会等多方面的作用，股票价格是实时改变的，变化的幅度一般都超过了债券的变化幅度。因此，股票持有者不仅有获取高收益的可能，同时也面临价格下跌的风险。

（3）股票投资收益不稳定

股票投资的收益不稳定。其收益主要是公司方法的股利、转让的差价。其中股利的获得和企业的经营情况有直接关系，公司的经营情况较好的情况下，会发放更多的股利，但是在经营情况不好的情况下，会发放较少的股利，甚至还会不发放股利，造成持有股票的投资者股利收益不稳定。股票在转让的过程中，差价的收益主要受到股票市场的影响，在股市行情好的情况下，转让的差价更高，反之则更低。因此也存在不稳定的收益现象。

（4）股票流动性较强

上市公司的股票具有很强的流动性。在股票交易市场上，股票可以作为买卖对象或抵押品随时转让。股票较强的流动性促进了企业资金的有效利用和合理配置。

第五节 成本费用管理

一、成本费用管理的概述

（一）成本费用的概念

企业进行产品生产，必然要发生各种耗费，企业产品的生产过程，同时也是生产的耗费过程。企业的费用就是企业生产经营过程中的耗费。企业在一定时期内发生的全部生产耗费总和就是生产费用。成本则是企业归集在成本计算对象上的生产耗费，即生产费用的对象化。

我国目前对成本费用管理采用制造成本法。在制造成本法下，计算产品成本时，只分配与生产有直接关系和关系密切的费用，而将与生产没有直接关系和关系不密切的费用直接计入当期损益，这样在理解成本这一概念时，就应区别产品成本（制造成本）和期间费用的不同含义。产品成本是指与企业产品生产直接相关的成本，包括生产过程中实际耗用的直接材料、直接人工、其他直接支出和制造费用。期间费用是指与企业产品生产没有直接关系或关系不密切，主要与生产期间相联系的费用，包括管理费用、财务费用和营业费用。

（二）成本费用管理的含义与特点

1. 成本费用管理的含义

企业的成本费用管理就是人们按照客观经济规律的要求，利用价值形式，运用一整套专门方法，通过对生产过程中的耗费进行科学的、严格的监督，以达到用尽可能少的劳动耗费，取得尽可能大的经济效果。其内容主要包括成本费用预测与计划、成本费用控制和成本费用分析等一系列管理工作。

2. 电力企业成本管理的特点

电力企业生产经营的特殊性，决定了电力企业的成本管理具有与一般企业所不同的特点。

（1）成本计算对象单一

在电力企业中，通常产品只有电力产品一种，品种单一，因此，成本计算方法简单，一般采用品种法。

（2）成本计算按生产经营不同环节分别进行

成本计算按发、供、售电不同的环节分别计算，发电企业计算发电成本，供电企业计算供电成本，电网（省）经营公司计算售电成本。其中，售电成本为完全成本，反映生产成本；发电成本、供电成本为不完全成本。

（3）电力成本的高低不完全取决于生产者，而受用户用电条件的影响

由于用户用电的电压等级不同，其配电线路及设置就有所不同，应承担的费用也就不同。因此，电力成本的高低不完全取决于生产者，而是与用户的电压等级、用电具体情况有关。

二、成本费用预测与计划

（一）成本费用预测

1. 成本费用预测的意义

成本费用预测就是根据有关资料和数据，结合企业的未来发展前景和趋势，采用一定的方法，对未来一定时期的成本费用水平和目标成本费用进行预计和测算。成本费用预测是成本费用管理的重要内容，是进行成本费用管理的起点。搞好成本费用预测，对挖掘降低成本费用的潜力，科学地编制成本费用计划，正确进行经营决策，提高经济效益具有重要意义。

2. 成本费用预测的内容

企业成本费用预测主要包括以下内容：

第一，在新产品投产之前，测算产品设计成本，确定产品按正常批量生产的成本水平，并把测算的数据作为选取最优产品设计方案的重要依据。

第二，在正式编制生产经营计划之前，进行成本费用预测。计划阶段的成本费用预测是编制成本费用计划必不可少的分析工作。

第三，在成本费用计划执行过程中，进行期中成本费用预测，科学预计、推测成本费用计划能否按期完成。

第四，企业采用新技术、新工艺，以及在提高产品质量过程中也要进行成本费用预测，以保证技术上可行，经济上合理。

3. 成本费用预测的步骤

成本费用预测应该有计划、按步骤完成，尽可能避免预测的主观性，提高预测的科学

水平，使预测目标更接近于实际。成本费用预测一般按以下步进行：

（1）确定成本费用目标

首先要依据企业目标利润，结合预测期变化因素，测算企业在现有条件下能够达到的目标成本费用的水平，为下一步骤的预测奠定基础。

（2）收集和整理有关资料

收集和占有大量相关的信息资料是进行科学预测的基本条件。收集资料应包括：企业对降低成本和费用的要求，报告期实际成本费用情况，预测期成本费用可能的变化情况，等等。

（3）对成本费用进行预测和测算

根据占有资料的实际情况，选用可行的成本费用预测方法，对成本费用进行预计和测算，求出成本费用预测值。有时也可选用多种方法进行测算，以便比较、测定预测结果。

（4）修正、确定最佳预测值

无论是推算的目标成本费用，还是按指标数据预计测算的成本费用预测值，都不能完全反映预测期成本费用的实际情况。因此，必须把两者进行比较和分析，找出差异，进行修正，以求出最佳预测值，使预测结果更加接近于实际。

4. 成本费用预测的方法

电力企业成本费用预测的方法很多，常用的有以下三种：

（1）因素分析法

这种方法是在上年成本费用水平的基础上，根据计划年度影响成本费用变动的各项因素，分别测算各影响因素对成本升降的影响程度，最后综合测算出成本费用的降低率，以确定计划年度成本费用水平的方法。

（2）回归分析法

回归分析法是将成本费用分解为变动成本费用和固定成本费用后，根据历史成本费用资料建立描述产量（或销售额）与总成本（或费用）关系的回归直线方程，据以测算计划年度产量（或销售量）变化条件下总成本（或费用）水平的方法。

（3）综合统计法

这种方法是先根据历史成本资料，采用简单成本法、加权成本法等方法计算出平均单位成本，再估计未来时期有关因素的可能变化及其对成本升降的程度，然后对平均单位成本进行修正。

（二）成本费用计划

成本费用进行预测后就需要制订成本费用计划。电力产品的成本计划包括发电成本计划、供电成本计划和售电成本计划三方面。

1. 发电成本计划

发电成本计划由发电企业编制。发电成本计划主要由以下四部分组成：

（1）计划发电总成本

计划发电总成本发电总成本包括燃料、水费、材料、工资、职工福利基金、基本折旧、大修理费用等。

（2）计划发电单位成本

计划发电单位成本是指每兆瓦时的计划发电成本，计算公式为：

计划发电单位成本 = 计划发电总成本 / 计划发电企业供电量

计划发电企业供电量 = 计划发电量—计划厂用电量

（3）计划成本降低额

是指计划发电企业成本比上年实际发电成本降低的数额，计算式为：

计划成本降低额 = 上年实际发电单位成本 × 计划发电企业供电量—计划发电总成本 =（上年实际发电单位成本—计划发电单位成本）× 计划发电企业供电量

（4）计划成本降低率

计划成本降低率是指本年计划发电成本比上年实际发电成本降低的比率，计算公式为：

计划成本降低率 = 计划成本降低额 /（上年实际发电单位成本 × 计划厂供电量）×100%

2. 供电成本计划

供电企业编制供电成本计划。供电成本计划只编制供电总成本计划。供电总成本计划包括购入电力费、水费、材料、工资、职工福利基金、基本折旧、大修理费用等。

3. 售电成本计划

售电成本计划由电网经营企业编制，包括售电总成本计划和售电单位成本计划。

三、成本费用控制

成本费用控制主要包括直接材料、直接人工、制造费用、期间费用的控制，前三项即制造成本，是成本费用控制的重点，可通过标准成本法进行控制，期间费用则可通过编制预算等方法进行控制。

（一）标准成本的制定与控制

建立控制标准，是成本控制过程的首要环节。标准成本是在一定生产条件下，各项成本（直接材料、直接人工、制造费用）的预定尺度。标准成本按产品的直接材料、直接人工、制造费用制定。这三项成本项目都是以"数量"标准乘以"价格"标准而确定。其中，"数量"标准主要由工程技术部门制定，"价格"标准由财务部门及采购、人事部门共同制定。

其中：

直接材料标准成本 = $\sum$（单位产品材料消耗量标准 × 材料单价标准）

直接人工标准成本 = $\sum$（单位产品工时标准 × 小时工资率标准）

制造费用标准成本 = $\sum$（单位产品工时标准 × 费用分配率标准）

费用分配率标准 = 制造费用预算数 / 生产量标准

对直接材料成本的控制，包括控制材料消耗和材料价格（采购成本）两方面。为了控制材料消耗量要做到三点：第一，要严格实行限额领料制度；第二，要对生产消耗情况进行核算，及时记录耗用的材料数量和产品产量，及时对照标准进行分析，采取措施，降低消耗；第三，要充分做好废角料的回收和利用工作。为了控制采购成本要做到两点：第一，应了解企业生产经营活动情况，掌握市场行情，做到物资采购既能保证生产的需要，又能降低材料的采购价格；第二，应做到就近采购，选择合理的运输方式，降低采购费用。

对直接人工成本的控制，一般应从控制人员数量、产品工时消耗和控制工资水平等方面着手。通过制定劳动定额和编制定员，合理确定工资增长速度，控制企业工资总额，提高劳动生产率，从而降低产品成本中的人工成本。

对制造费用的控制，一般实行预算控制，企业应将预算指标分解落实到各车间班组，按预算对费用支出进行控制。

（二）期间费用的控制

1. 管理费用的控制

管理费用大部分为固定性费用，从成本责任的角度看，有的属可控成本，有的属不可控成本，大都受企业管理方针和决定的影响。所以，对管理费用宜采用预算控制或审批控制方法。预算控制，就是企业将某一时期可能发生的管理费用，事先做出预算，日后按预算控制支出。审批控制，是指在预算编制之后，控制的执行要依赖各项开支的审批核准。

2. 营业费用的控制

营业费用的控制方法，一般也采用预算控制和审批控制，还可采用贡献控制法，即将营业费用与取得的销售收入相比较，反映其对企业利益的贡献。为了鼓励其多做贡献，可以事先规定贡献额、销售收入、营业费用几项指标之间的比例数值，作为控制的标准。

3. 财务费用的控制

财务费用主要是资金筹集过程中发生的利息、手续费等支出。所以，进行财务费用控制，需要将费用与筹集的资金对比，看费用的发生是否必要。通过控制财务费用，降低筹资成本。

四、成本费用分析

成本费用分析就是以成本费用预算或标准成本为依据，将实际成本与预算或标准成本相比较，揭示实际脱离预算或标准的差异，并对差异进行因素分析，以便查明原因，划清责任，及时采取措施，降低成本费用。

（一）直接材料成本差异分析

直接材料实际成本与标准成本之间产生差额的原因有两个：一是价格差异；二是耗用量差异。价格差异是在采购过程中形成的，其原因有许多，如供应厂家价格变动，未按经济采购批量进货，未能及时订货造成的紧急订货，舍近求远采购，违反合同被罚款，等等。材料耗用量差异产生的原因也有许多，如操作疏忽造成废品和废料增加，工人用料不精心，操作技术改进而节省材料，工艺变更等。这些都需要具体分析和调查，明确最终原因和责任归属。

（二）直接人工成本差异分析

人工成本差异也由"价差"和"量差"两部分构成。人工成本的"价差"是指由于实际小时工资率脱离标准而形成的差异，其原因有生产工人升级或降低费用、奖励制度未产生实效、工资率调整、加班或使用临时工等。"量差"是指由于实际使用的人工工时脱离标准而形成的差异，其原因有工人经验不足、劳动情绪不佳、设备故障较多、作业计划安排不当等，产生这些差异的主要责任应归属于劳动人事部门及生产部门，当然这也不是绝对的，应针对具体情况进行分析。

（三）制造费用差异分析

制造费用差异分为变动制造费用和固定制造费用差异。变动制造费用成本差异也可分解为"价差"和"量差"。"价差"是指变动制造费用小时分配率脱离标准而产生的差异，其原因主要是实际发生的费用数额超过或低于预算数额，间接材料价格、人工工资等调整或其他各项费用控制不当。"量差"是指实际工时脱离标准、多用工时导致的费用增加，因此其形成原因与直接人工成本产生的效率差异相同。固定制造费用因不随业务量大小而变化，在分析其变动差异时，不考虑业务量的变动，只将实际费用与预算比较，其产生差异的原因主要是生产能力没有充分利用，表现为未能充分使用现有生产能量而造成的损失。

（四）期间费用的分析

期间费用采用指标分析法，即将实际支出数与预算数进行对比，找出实际与预算的差异，并分析产生差异的原因。如为了适应市场竞争需要，扩大产销量，使期间费用在一定程度上有所增长，应是正常和合理的。此外，期间费用分析还要考察费用支出的效果，以便做出客观的评价。

第六节　利润管理

一、利润管理概述

（一）利润的概念

利润是企业在一定会计期间的经营成果，是一定会计期间内实现的收入减去费用后的净额。

利润可以按照不同的标准进行分类：

1.按照利润形成的角度分类

利润可以分为主营业务利润、投资收益、营业外收支净额等。

2.按照税收角度分类

利润可以分为税前利润和税后利润。税前利润一般包括营业利润、投资净收益和营业外收支净额三部分。税后利润是指缴纳了所得税后的净利润，税后利润应依照国家和企业的有关利润分配政策进行分配。

3.按照经济学的角度分类

利润可以分为会计利润和财务利润两种。用会计成本计算出的利润为会计利润，如果计算时使用的是财务成本，即成本中包括机会成本等，则计算出的利润为财务利润。

（二）利润的意义

企业在营运过程中努力创造利润，利润的形成对企业具有重要意义。

1.利润是企业经营所追求的目标

企业经营的目的在于获得收益，在重视企业经营效益、考虑企业经营风险的前提下，多数企业将利润作为其追求的经营目标。通过利润的考核和分析，可以评价企业的经营绩效及实现经营目标的能力。

2.利润是企业投资人和债权人进行投资决策的重要依据

企业的投资人对被投资企业的获利情况的了解，可以在某种程度上决策是否对被投资企业进行投资；同样，债权人通过对债务人获利能力的评判，确定债权发生的适当性。

3.利润是企业分配的基础

任何企业的利润分配都是在创造利润的基础上进行的，企业只有创造了利润，在按照规定缴纳应缴的税费之后，才可以对投资者分配利润。利润分配之后有了剩余则为企业形成积累资金。

（三）利润的形成

企业的利润就其构成来说，既有通过生产经营活动获得的，也有通过投资活动获得的，还包括那些与生产经营活动无直接关系的事项引起的盈亏。企业利润由营业利润、投资收益、补贴收入、营业外收入与支出、所得税等部分组成。其中，由营业利润加投资收益、补贴收入、营业外收入，减去营业外支出为利润总额，利润总额减去所得税为企业净利润。其计算公式为：

利润总额＝营业利润＋投资收益＋补贴收入＋营业外收入—营业外支出＋以前年度损益调整净利润＝利润总额—所得税

二、利润预测

利润预测是企业财务预测的重要组成部分。利润预测通常有定性预测和定量预测两种方法。定性预测方法主要是依靠过去的经验和掌握的科学知识进行判断、分析，推断事物性质和发展趋势，从而作为预测未来的主要依据。定量预测主要是根据过去的历史资料，运用现代分析方法和各种计算工具进行科学的加工处理，并建立一定的经济预测的数学模型，以充分揭示有关变量之间的规律性关系，作为预测的依据。现介绍几种常用的利润预测方法。

（一）盈亏平衡点分析法

盈亏平衡点分析也称损益平衡分析或保本分析，主要研究怎样确定盈亏临界点，有关因素的变动如何影响盈亏临界点。

（二）因素分析法

因素分析法是指从数值上测定各个相互联系的因素，对有关经济指标变动影响程度的一种分析方法。采用因素分析法对利润进行预测就是在基期利润的基础上，考虑计划期影响利润变动的各因素，预测出企业计划期间的利润额。

影响利润的因素主要有销售量、销售价格、变动成本、固定成本总额和所得税等。在进行因素分析时，主要从两方面考虑问题，即当产销量、成本和价格发生变动时，对利润的影响程度，或者当目标利润发生变动时所需的产销量、成本、价格的变动。

（三）利润增长比率法

该方法是根据有关基期的实际利润额和过去若干期间的平均利润增长幅度预测利润的一种方法。计算公式为：

营业利润 = 基期营业利润 ×（1 + 营业利润增长率）

三、利润计划

利润计划是根据利润预测的结果，利用一定的表格形式，以货币为统一计量单位，反映预测期营业活动及其财务成果的综合性计划。利润计划是企业财务预测的有机组成部分，是企业用于控制未来营业活动并使之达到预定财务成本的一种重要手段。

利润计划的编制是以企业计划期的销售计划和成本计划为主要依据，结合其他有关资料进行的。为了便于对利润计划完成情况的检查和分析，利润计划一般按财务报表中利润表的格式编制。

四、利润分配

（一）利润分配的原则

1.依法分配原则

企业的利润分配，要在法律规定的基础上实现。利润的平均分配，才能保证各方面的利益关系和谐稳定。国家为更好地保障企业能够实现规范化的利润分配，颁布了相关的法律法规，对企业进行利润分配中的要求、程序、比例进行了规定。企业要在开展利润分配的过程中，严格遵守，规范执行。

2.分配积累并重原则

企业在进行利润分配的过程中，要从长远利益和近期利益两方面进行，要综合两者之间的关系，坚持分配、积累。企业可用于向所有者分配的利润是否全部分配，要视企业的具体情况而定。通常在可供分配的利润中，企业除按规定提取法定盈余公积金以外，可适当留存一部分利润作为积累。这部分积累可以为企业扩大再生产提供资金，增强了企业抵御风险的能力，提高了企业经营的安全系数。

3. 利益兼顾原则

利润在进行分配的过程中，一定要通过价值的形式，进行产品的具体分配。在实际操作的过程中，要坚持从整体出发，对各方面的利益都要全面考虑。首先，国家要保证社会事务的正常管理，一定要有充足的资金，因此需要企业通过缴税的方式，将利润的一部分上缴，这是企业的责任和义务。其次，投资者将自己的资本投入企业中，也享受分配利润的权利。企业的净利润是保障企业分配的基础，也是加强投资者信心的动力。最后，企业的职工，作为企业的实际劳动者，是利润创造的主要成员，因此也享受利润分配的权益。企业在进行利润分配的过程中，一定要综合各方面的利益，确保国家财产的需要，满足企业自身的发展，还要满足投资者的利益，同时保障职工的利益。

4. 投资收益对等原则

企业在进行利润分配的过程中，要体现出收益对等的原则，还要体现出"谁投资、谁受益"的效果，并且将收益和投资进行同等比例的适应。投资收益对等的原则，体现在企业为投资者进行利润分配的过程中，要体现出公开、公正、公平，从根本上保护投资者的利益，鼓励投资者投资。

5. 盈亏自负原则

盈亏自负是市场经济规律在企业利润分配原则上的体现，坚持这一原则，有利于调动企业自身的积极性，使企业职工从根本上关心企业的生产经营成果，同时也有利于理顺企业与国家之间的利益关系。因此，企业生产经营中发生的经营性亏损应由企业以后年度实现的利润进行弥补。

（二）利润分配的程序

1. 提取法定盈余公积金

法定盈余公积金是企业按照规定的比例从净利润中提取的内部积累资金。法定盈余公积金提出比例为 10%，当法定盈余公积金累积达到注册资本的 50% 时可不再提取。法定盈余公积金可用于弥补亏损、转赠资本（或股本）。转赠资本（或股本）后，法定盈余公积金一般不得低于注册资金的 25%。

2. 提取法定公益金

法定公益金是企业按照规定的比例从净利润中提取的、用于职工集体福利设施的一项基金，提取比例为当年净利润的 5% ～ 10%。法定公益金用于职工集体福利时，应将其转入任意盈余公积金。

3.提取任意盈余公积金

任意盈余公积金是企业经股东大会或类似机构批准，按照规定的比例从净利润中提取的盈余公积金。

4.向投资者分配利润或股利

在完成规定提取的各种留存收益后，如果企业存在剩余，加上以前年度未分配的利润，可以向投资者分配利润。

股份有限公司向投资者分配利润时应按下列顺序进行分配：

（1）应付优先股股利

是指企业按照利润分配方案分配给优先股股东的现金股利。

（2）应付普通股股利

是指企业按照利润分配方案分配给普通股的股利。

（3）转作资本（股本）的普通股股利

是指企业按照利润分配方案以分配股票股利的方式转作的资本（股本）。

企业以利润转赠的资本，也按这一顺序进行分配。

可供投资者分配的利润，在经过上述分配后，即为未分配利润（或未弥补亏损）。未分配利润可留待以后年度进行分配。企业如发生亏损，可以按规定由以后年度利润进行弥补。企业未分配利润（或未弥补亏损）应在资产负债表的所有者权益项目中单独反映。

第七节　财务分析

一、财务分析概述

（一）财务分析的概念

财务分析是建立在企业开展的财务报告基础上的。通过使用科学的分析方法，对企业的财务状况、经营成果、发展趋势进行分析，并且为投资者、经营者、管理者、债权人、社会各界开展对企业的经济预测、企业的发展决策，提供重要的依据。财务分析也是财务管理中重要的组成部分。

（二）财务分析的种类

1.按主体不同分类

财务分析的不同主体，表现为内部分析、外部分析两种类型。

（1）内部分析

内部分析，是企业内部的管理部门对企业的生产情况、经营情况、财务情况开展的分析活动。在进行内部分析的过程中，需要财务会计提供真实的资料内容，并且需要通过管理会计、企业提供的经济资料，对企业的实际经营状况进行分析。通过全面的分析活动开展，对企业内部的财务状况更真实地掌握，对企业开展的生产经营活动进行分析，为后续的工作开展提供借鉴。

（2）外部分析

外部分析，是企业外部的利益集团根据不同的需求，对企业展开的财务分析活动。这些分析活动的开展，有不同的需求、不同的目的，体现出不同的分析范围，是企业局部财务分析的一种表现，也是企业整体的财务分析表现。比如，债权人根据自己的需求，对企业的债偿能力开展的外部分析活动；投资者需要在购买股票之前，对企业的经营情况、投资风险进行外部分析；等等。

2.按对象不同分类

财务分析的不同对象也体现出不同的分类。表现为资产负债表的分析、利润表的分析、现金流量表的分析等。

（1）资产负债表分析是以资产负债表为对象所进行的财务分析

资产负债表的分析，能够对企业资产的流动情况、负债情况、偿债能力、经营风险进行全面的显示。通过分析，对企业的财务情况真实掌握。

（2）利润表分析是以利润表为对象进行的财务分析

利润表的分析能够对企业的盈利情况、经营情况进行真实的掌握。在对企业的偿债能力进行分析的过程中，也需要结合利润表的数据分析，才能更好地获得真实情况。

（3）现金流量表分析是以现金为对象进行的财务分析

现金流量表的分析，能够更真实地反映出企业现金的流动情况，对企业的财务情况全面的变化现象充分掌握，更全面地分析企业的清偿能力。

（三）财务分析的意义

1.财务分析有助于企业加强内部管理

财务分析所依据的主要资料是企业的财务报表，借助财务报表的有关数据可以分析企业的偿债能力、营运能力、获利能力、成长能力、财务结构的合理性等，可以客观地评价企业的业绩，找出企业的薄弱之处，以便企业在今后的工作中有针对性地加以改进，提高企业的经营管理水平。

2.有助于外部报表使用者做出正确决策

财务分析不仅有利于企业加强内部管理，还可以为企业外部相关部门或人员提供有用的财务信息。例如，通过财务分析，银行可以决定是否给企业贷款；潜在投资者可以决定是否向企业投入资金；股民可以决定是否购买企业发行的股票；国家财税机构可以审查企业的财务活动是否遵守政府的法令和规章制度，以及确定企业应向国家上缴的税收；等等。

3.有助于政府部门进行宏观经济管理

政府部门通过对企业财务报表的汇总，可以了解各行业的发展是否均衡，分析产业结构是否合理，以便采用适宜的经济杠杆和政策措施，优化资源配置，保证宏观经济的正常运行。

（四）财务分析的方法

1.比率分析法

比率分析法是将企业同一时期的财务报表中的相关项目进行对比，得出一系列财务比率，从而揭示企业的财务状况的分析方法。通常财务比率主要包括以下三大类：
（1）构成比率
构成比率又称结构比率，是反映某项经济指标的各个组成部分与总体之间关系的财务比率，如流动资产与总资产的比率。
（2）效率比率
效率比率是反映某项经济活动投入与产出关系的财务比率，如资产报酬率、销售净利率等。利用效率比率可以考察经济活动的经济效益，揭示企业的获利能力。
（3）相关比率
相关比率是反映经济活动中某两个以上相关项目比值的财务比率，如流动比率、速动比率等。利用相关比率可以考察各项经济活动之间的相互关系，从而揭示企业的财务状况。

2.比较分析法

比较分析法是将同一企业不同时期的财务状况或不同企业之间的财务状况进行比较，从而揭示企业财务状况存在的差异的分析方法。比较分析法可分为纵向比较分析法和横向比较分析法两种。

（1）纵向比较分析法

纵向比较分析法又称趋势分析法，是将同一企业连续若干期的财务状况进行比较，确定其增减变动的方向、数额和幅度，以此来揭示企业财务状况发展变化趋势的分析方法，如比较财务报表法、比较财务比率法等。

（2）横向比较分析法

横向比较分析法是将本企业的财务状况与其他企业的同期财务状况进行比较，确定其存在的差异及其程度，以此来揭示企业财务状况中存在的问题。

3.因素分析法

因素分析法又称连环替代法，是在通过比较分析确定差异的基础上，利用各个因素的顺序"替代"，从数值上测定各个相关因素对有关财务指标差异的影响程度的一种方法。采用这种方法，当有若干因素对分析对象发生影响作用时，假定其他各个因素都不变化，顺序确定每一个因素单独变化对综合财务指标或经济指标所产生的影响。

4.趋势分析法

趋势分析法是将企业连续几年的财务报表的有关项目进行比较，用以分析企业财务状况和经营成果的变化情况及发展趋势的一种方法。趋势分析法通常采用垂直分析法和水平分析法两种。

（1）垂直分析法

垂直分析法又称共同基准分析法，是将财务报表中某一关键项目的金额作为100%，其他项目的金额换算成对关键项目的百分比，从而反映它们之间重要的比率关系。

（2）水平分析法

水平分析法是在并列连续几年报表的绝对额后面，设置"增减栏"，以了解企业财务状况和经营成果的变动情况。使用这种方法最好能提供较长时期的数据。

（五）财务分析的程序

为了保证财务分析的有效进行，必须遵循科学的程序。财务分析的程序，即财务分析的步骤，一般包括以下几步：

1.收集有关财务分析的经济资料

财务分析是建立在一定基础资料之上的分析，因此，财务分析的首要步骤是收集和选取分析资料。一般来说，包括以下两部分：一是主要财务报表，包括资产负债表、利润表和现金流量表；二是除了财务报表之外，可作为财务分析依据的主要资料，如财务报表附注、所采用的会计方法、管理者对财务成果的讨论和分析、审计报告、若干年份的比较财务数据，以及其他资料等。

2. 评价财务信息的真实性

分析资料的真实性程度对分析结果的影响至关重要，因此，需要对收集和选取资料的可靠性及其程度进行分析判断。在信息完全对称的条件下不存在财务信息的失真问题，但由于多种原因，财务信息失真的现象是客观存在的，为了客观公正地评价企业的财务状况，需要借助一定的方法对财务信息的真实性做出基本的判断，使财务分析建立在资料可靠的基础上。

3. 选择一定的方法进行财务分析

财务分析的方法多种多样，可以运用比较分析法、比率分析法等多种方法，对企业的偿债能力、资产营运能力、营利能力，以及其他项目的未来发展趋势做出分析预测。

4. 进行因素分析，为经济决策提供各种建议

通过财务分析，可以找出影响企业生产经营活动和财务状况的各种因素，从而找出影响企业生产经营活动和财务状况的主要因素，并在此基础上提出各种方案，权衡各种方案的利弊，选出最佳方案，为经济决策提供建议。

二、财务能力分析

（一）企业偿债能力分析

1. 短期偿债能力分析

（1）流动比率

流动比率反映的是流动资产与流动负债之间的比率关系，用于衡量企业在某一时点偿付即将到期的债务的能力。计算公式为：

流动比率 = 流动资产 / 流动负债

其中，流动资产主要包括现金及各种存款、短期投资、应收及预付款项、存货等。流动负债主要包括短期借款、应付及预收款项、各种应交款项等。

通常流动比率越高，说明企业偿付短期债务的能力越强。一般认为，流动比率应维持在 2：1 的水平。

（2）速动比率

速动比率是指企业速动资产与流动负债之间的比率，用于衡量企业在某一时点运用随时可变现资产偿付到期债务的能力。计算公式为：

速动比率 = 速动资产 / 流动负债

其中，速动资产是指流动资产中变现能力较强的那部分资产，包括货币资金、短期投

资、应收票据、应收账款等，不包括存货、预付账款和待摊费用。

一般认为速动比率维持在 1 ∶ 1 水平比较好。

（3）现金流动比率

现金及现金等价物是企业最具有流动性的资产，现金流量净额越高，企业的偿债能力和支付能力就越强。现金流动比率是指企业的现金与流动负债之间的比率，该指标越高，说明企业的偿债能力越强，现金支付能力越好。计算公式为：

现金流动比率＝现金／流动负债

2. 长期偿债能力分析

长期偿债能力是指企业偿还长期负债的能力，企业的长期负债主要包括长期借款、应付长期债券、长期应付款等。反映长期偿债能力的指标主要包括资产负债率、已获利息倍数等。

（1）资产负债率

资产负债率是指企业的全部负债总额与全部资产总额的比率，用于分析企业借用他人资本进行经营活动的能力，并可衡量企业的长期偿债能力。计算公式为：

资产负债比率＝负债总额／资产总额

资产负债率越低，资产对债权的保障程度越高，企业的长期偿债能力就越强；反之，资产负债率越高，资产对债权的保障程度越低。一般该指标为 40% ~ 60% 比较正常，在西方，通常把 70% 作为该指标的警戒线，超过 70% 说明企业的经营风险较大。

（2）已获利息倍数

已获利息倍数又称利息保障倍数，是指息税前利润与利息费用之间的比率。计算公式为：

已获利息倍数＝息税前利润／利息费用

其中，息税前利润是指利润表中未扣除利息和所得税之前的利润，它可以用利润总额加利息费用来计算。利息费用是指企业本期发生的全部应付利息，不仅包括财务费用中的利息，还包括计入固定资产价值中已经资本化的利息。

已获利息倍数反映了企业的息税前利润是利息的多少倍，已获利息倍数大，表明企业支付利息的能力强；否则，企业的付息能力就差。

（二）企业营运能力分析

1. 应收账款周转率

应收账款周转率是赊销收入净额与会计期内平均应收账款之间的比率。用 1 年 360 天除以应收账款周转率为应收账款周转天数，即平均收现期。计算公式为：

应收账款周转率＝赊销收入净额／平均应收账款

赊销净收入＝赊销销售收入－销售折扣与折让

平均应收账款＝（期初应收账款＋期末应收账款）/2

平均收现期 = 360/ 应收账款周转率

其中，赊销销售收入是企业当期的销售收入扣除现金销售的部分，销售收入可以直接从利润表中找到，现金销售部分来源于现金流量表。

一般来说，应收账款周转率越高，平均收现期越短，说明企业的应收账款回收速度越快；反之，企业过多的营运资金占用在应收账款上就会影响到企业资金的正常周转。

2. 存货周转率

存货周转率是指销售成本与平均存货之间的比率，反映了从存货的购买到销售所占用的天数。计算公式为：

存货周转率 = 销售成本 / 平均存货

平均存货 =（期初存货 + 期末存货）/2

存货周转天数 = 360/ 存货周转率

一般来说，存货周转率越高，存货周转天数越短，说明企业的存货转为现金或应收账款的速度越快；反之，存货的周转速度就越慢。只有提高了存货的周转率，才能提高企业资产的变现能力。

3. 流动资产周转率

流动资产周转率是指销售收入与平均流动资产的比率。计算公式为：

流动资产周转率 = 销售收入净额 / 平均流动资产

平均流动资产 =（期初流动资产 + 期末流动资产）/2

流动资产周转天数 = 360/ 流动资产周转率

流动资产周转率反映了流动资产的周转速度，周转速度越快，会相对节约流动资产，等于扩大资产的投入，增强企业的营利能力；反之，流动资产周转率缓慢，会增加新的流动资产的投入周转，从而降低企业的营利能力。

4. 固定资产周转率

固定资产周转率是指销售收入净额与平均固定资产之间的比率。计算公式为：

固定资产周转率 = 销售收入净额 / 平均固定资产净值

平均固定资产净值 =（期初固定资产净值 + 期末固定资产净值）/2

固定资产周转天数 = 360/ 固定资产周转率

固定资产周转天数反映了固定资产的周转速度，周转速度越快，表明企业同样的固定资产占用实现了更多的收入。

5. 总资产周转率

总资产周转率是指销售收入净额与平均资产总额之间的比率。计算公式为：

总资产周转率 = 销售收入净额 / 平均总资产

平均总资产 = （期初资产总额 + 期末资产总额）/2

总资产周转天数 = 360/ 总资产周转率

一般来说，资产周转率高，说明企业能有效地运用资产创造收入；反之，说明企业的资产利用效率低。

（三）企业营利能力分析

1. 资产利润率

资产利润率也称资产报酬率或投资报酬率等，是企业在一定时期内净利润与资产平均总额的比率。该指标主要用来衡量企业利用资产获取利润的能力，它反映了企业总资产的利用效率。计算公式为：

资产利润率 = 净利润 / 平均总资产

一般来说，该指标越高，表明企业资产使用效益越好；反之，说明资产利用效果不好。

2. 权益资本净利润率

权益资本净利润率是指净利润与平均所有者权益之间的比率。该指标反映了企业运用权益资本获取净利润的能力。计算公式为：

权益资本净利润率 = 净利润 / 平均所有者权益

平均所有者权益 = （期初所有者权益 + 期末所有者权益）/2

一般来说，该指标越高，表明企业权益资本使用的效益越高；反之，说明权益资本利用效果不好。

3. 销售利润率

销售利润率是指利润与销售收入之间的比率，反映了每元销售收入中利润所占的比重，具体包括销售毛利率和销售净利率。计算公式为：

销售毛利率 = 销售毛利 / 销售净收入

销售净利率 = 净利润 / 销售收入

其中，销售毛利是企业销售净收入与销售成本的差额，销售净收入是指产品销售收入扣除销售退回、销售折扣与折让后净额。

一般来说，销售毛利率越大，说明在销售净收入中销售成本所占的比重越小，企业通过销售获取利润的能力越强。

4.成本费用净利率

成本费用净利率是企业净利润与成本费用总额的比率。它反映了企业生产经营过程中发生的耗费与获得的收益之间的关系。计算公式为：

成本费用净利率 = 净利润 / 成本费用总额

其中，成本费用总额是企业为了取得利润而付出的代价，主要包括销售成本、销售费用、销售税金、管理费用、财务费用和所得税等。

一般来说，这一指标越高，说明企业获取收益付出的代价越小，企业的获利能力越强；反之，代价越大。

第七章　电力企业应急管理

第一节　电力生产过程及特点

随着国家能源战略的调整，电力作为二次能源在社会公共系统中的支撑作用越来越重要，电力安全作为公共安全的重要组成部分，是保障经济和社会发展的重要条件，是人民安居乐业和建设和谐社会的基本保障。电力安全生产是指为保障发电、输电、变电、配电、用电各个环节的电力建设、运行、检修等生产性活动正常进行而采取的各项措施和活动。电力安全生产的基本目标是"三杜绝、三防止、一维护"，即杜绝重大以上电力生产人身伤亡、电网大面积停电，以及电厂垮坝事故的发生，防止重大以上环境污染、主设备严重损坏以及对社会造成重大影响事故的发生，维护电力系统安全稳定运行。

一、电力生产过程

电力系统是由大量发电机、变压器、电力线路和负荷组成的，旨在生产、传输、分配和消费电能的各种电气设备按一定方式联成的整体。电力系统的功能作用，是将自然界中的一次能源，通过发电设备的使用，进行电能的转化，再通过使用输变电系统、配电系统，完成电能的负荷供应。

（一）发电

1. 火力发电

火力发电，是火力发电厂将煤、石油、天然气中化学能，通过设备的使用，进行电能的转化过程。比如，在燃煤的发电厂中，需要有煤场、卸煤设备、输煤设备、锅炉、汽轮机、发电机、配电设备、化学水处理设备等多种设备的组成。首先，煤通过火车、轮船等交通工具，输送到发电厂，卸煤设备开始工作，将煤卸到煤场中进行保存，后续的发电工作开展做好原料保障。其次，在发电生产的过程中，煤经过输煤设备的作用，从煤场运送到锅炉的炉前煤斗，再经给煤机送入磨煤机。在这个过程中，被粉碎的煤粉经过热空气的作用，通过排粉风机的作用，进入锅炉的内部开始燃烧，释放能量。锅炉内的水在经过加热之后，变成热蒸汽。热蒸汽被运送到汽轮机中，释放更多的能量，推动汽轮机的旋转，然后将蒸汽产生的能量，转化成汽轮机械不断旋转运行的机械能。汽轮机的转子与发电机的转子通过联轴器连在一起，当汽轮机转子转动时便带动发电机转子转动，发电机将机械能转变成电能。

2. 水力发电

水力发电是将自然界的水所蕴藏的能量转换成电能的生产过程。河川的水经由拦水设施攫取后，经过压力隧道、压力钢管等水路设施送至水电厂，当机组须运转发电时，打开主阀后开启导翼，使水冲击水轮机，将水能转化成水轮机的旋转机械能，水轮机带动与其相连的发电机发出电能。

3. 其他能源发电

除火力发电、水力发电外，其他能源如核能、地热能、风力能、海洋能、潮汐能、太阳能等，也可以通过能量转换变为电能。目前，可以大规模发电的有核能电站、地热电站，其他能源都有小规模试验性的发电装置。

（二）供电

大型火电厂，一般需要修建在远离城镇中心、工业中心的地方；水电厂，更多地会选择建设在江河、湖泊的附近山区。发电厂的发电机，产出的电能电压不高，如果选择直接进行城区、工业区的电力输送，在传输过程中会造成电能大量损耗。故从经济、节能的角度考虑，电能经发电机产出后，先经变压器升压，再以较高等级电压（如 500 kV、220 kV 等）较远距离的电力输送过程中，能够减少电能的损失。将大功率、高电压的电力进行长短不同距离的输送过程中，需要先在降压的变电所进行降压处理，将高压降为一般电压，然后通过配电网络的工作，输送给用户。配电网络的特点，是在城市的中心位置，居民聚居的位置，功率、输送距离不大。

1. 变电

电力系统中，发电厂将天然的一次能源转变成电能，向远方的电力用户送电，为了减少输电线路上的电能损耗及线路阻抗压降，需要将电压升高；为了满足电力用户安全的需要，又要将电压降低，并分配给各个用户，电力系统就是通过变电把各不同电压等级部分连接起来形成一个整体。常用的输电电压等级有 765 kV、500 kV、220 ~ 110 kV、35 ~ 60 kV 等；配电电压等级有 35 ~ 60 kV、3 ~ 10 kV 等；用电部门的用电器具有额定电压为 3 ~ 15 kV 的高压用电设备和 110 V、220 V、380 V 等低压用电设备，实现变电的场所为变电所。

变电运行维护设备多，出现异常和障碍的概率大，任何不规范的行为或不安全的状态都可能影响电网安全、稳定运行，甚至造成重大事故。因此，必须提高变电操作人员的安全素质及专业技能，加强有针对性、实效性的安全培训。此外，必须及时消除设备隐患，及时更新老化设备，消除设备存在的缺陷。

2. 输电

输电是电能的优越性表现。在现代社会的发展中，输电决定着能源的使用。只有在确保安全输电的工作基础上，才能将远距离的发电厂和负荷中心进行关联，真正地发挥出电能的作用，减少电能的地域限制，还可以将不同地点的发电厂连接起来，实行峰谷调节。

输电是用变压器将发电机发出的电能升压后，再经断路器等控制设备接入输电线路来实现。输电线路按结构形式可分为架空输电线路和地下输电线路。目前，用架空线路输电是最主要的方式，地下线路多用于架空线路架设困难的地区，如城市或特殊跨越地段的输电。架空输电线路由线路杆塔、导线、绝缘子等构成。架设在地面上，架空线路架设及维修比较方便，成本也较低，但容易受到气象和环境（如大风、雷击、污秽等）的影响而引起故障。

3. 配电

配电是电力系统中直接与用户相连并向用户分配电能的环节，配电线路按结构有架空线路和地下电缆，农村和中小城市可用架空线路，大城市（特别是市中心区）、旅游区、居民小区等应采用地下电缆。

配电系统中常用的交流供电方式有以下几种：

（1）三相三线制

分为三角形接线（用于高压配电、三相 220 V 电动机和照明）和星形接线（用于高压配电、三相 380 V 电动机）。

（2）三相四线制

用于 380/220 V 低压动力与照明混合配电。

（3）三相二线一地制

多用于农村配电。

（4）三相单线制

常用于电气铁路牵引供电。

（5）单相二线制

主要供应居民用电。

配电系统常用的直流供电方式有以下两种：

（1）二线制

用于城市无轨电车、地铁机车、矿山牵引机车等的供电。

（2）三线制

供应发电厂、变电所、配电所自用电和二次设备用电，电解和电镀用电。

二、电力生产的特点

通过分析电力生产过程，电力生产有以下特点：

第一，电力不能大量存储，电能的生产、输送、分配、供应同时进行，必须随时保持平衡，发供电随用电瞬间的增减而增减。四个环节紧密联系，同时存在，共同发生作用，同时、瞬时完成，没有周转期和间歇期。

第二，电能生产、输送、分配、供应工艺技术复杂，自动化程度高，需要庞大、高效率的先进发电、输变电和配电设备、设施。

第三，电力产品在同一电网里不管有多少个发电厂、供电局，也不管这些厂、局的隶属关系如何，都必须接受电网的统一调度，有统一的标准（频率、电压、功率）和管理办法。电能由电网统一分配和销售，电网设备的检修、启动、停止，电力的增减都是由电网根据用电单位的用电量来调节。

第四，现代社会对电能质量要求高，电力系统的电压、频率都必须满足国家标准的相关要求。

第二节　电力突发事件的发生原因及特点

一、电力突发事件的发生原因

电力突发事件的发生不但与电力系统自身相关，还与自然环境和社会环境有关。同时，随着我国电力工业中高参数、大容量机组的不断涌现，超高压大电网的迅猛发展，机组和电网的自动化水平大幅度提高，安全生产方面出现了一些新情况。电力突发事件究其发生原因，主要体现在：

第一，电力系统规模日趋庞大，安全风险日益增加。庞大的电力系统并网运行，发、供、用瞬时完成，任何时间、任何地方、任何线路、任何设备出现故障都可能影响整个系统的安全。

第二，电力结构的复杂性对电网稳定运行的考验越来越大。目前，除了传统的火力发电、水力发电以外，风力发电、太阳能发电等新能源发电技术正逐渐得到推广，风力发电、太阳能发电的随机性、间歇性特点对电网安全运行提出了严峻挑战。一批百万千瓦级超超临界机组的投产和交直流高压输电的混合运行，也给电力安全生产带来了新的挑战。

第三，电力供需矛盾比较突出，一些地区时段性、季节性电力供应紧张局面仍未得到根本缓解。需求侧管理难度不断增加，用电负荷峰谷差逐渐扩大，系统调峰能力明显不够。

第四，我国幅员辽阔，自然灾害、极端天气、外力破坏等因素日益增多，对电力可靠供应造成严重影响。

第五，电力设备设施故障，尤其是大型发电机组、枢纽变电站、关键联络线及重要继电保护自动装置故障可能引起电力系统事故。

第六，电力安全管理体制和从业人员素质有待进一步健全和提高。有的企业存在安全管理缺陷，危险源分析流于形式，安全工器具不适用，安全措施未落实到位，员工责任意识淡薄，作业人员违章时有发生等情况都为电力安全生产埋下了事故隐患。

二、电力突发事件的特点

1. 涉及环节多

电能的生产、输送、分配、消费是同时完成的，涉及电力系统发电、输电、配电、用电环节，任一环节遭到破坏都会导致平衡关系被打破，进而影响电力系统的安全运行。

2. 灾害源多

电力系统突发事件可能源于违反电力系统电气规律的事件，也可能源于处于自然环境中的电力设施受到自然灾害（如地震、水灾、风灾、雪灾、冰灾等）的毁坏。此外，电力设施大多无人值守，可能受到有意或无意的人为破坏。

3. 损失巨大

我国电力工业经过几十年发展，设施量大且分布面广，遍布地上地下，固定资产规模庞大。电力供应触及社会的各行各业，涉及人身财产安全，大面积停电造成的直接和间接损失巨大。

4. 影响面广、次生灾害多

电力作为一种清洁能源，在国民经济和日常生活中具有不可替代的作用。一旦电力供应中断，将对国民经济和人民生活带来重大影响。

由于电力突发事件有以上特点，导致电力突发事件的应急救援工作具有不确定性、突发性、复杂性和后果、影响易猝变、激化、放大等特点。为尽可能减小突发事件的后果及影响，降低损失，应急救援行动必须做到迅速、准确、有效。所谓迅速，就是要建立快速的应急响应机制，能迅速准确地传递信息，迅速地调集所需的大规模应急力量、设备、物资等资源，迅速建立起统一指挥与协调系统，开展救援活动。所谓准确，就是要有相应的应急决策机制，能基于突发事件的规模、性质、特点、现场环境等信息，正确地预测电力突发事件的发展趋势，准确地对应急救援行动和战术进行决策。所谓有效，主要指应急救援行动的有效性。应急救援行动的有效性很大程度取决于应急准备充分与否，包括应急救援队伍的建设与训练，应急设备（施）、物资的配备与维护，预案的制定与落实以及有效的外部增援机制，等等。

第三节　电力企业应急管理基本原则

电力企业应急管理应遵循以下基本原则：

一、以人为本，减少危害

电力企业须将保障公众健康和生命财产安全作为首要任务，最大限度地减少电力突发事件造成的人员伤亡和危害。

二、居安思危，预防为主

电力企业须高度重视公共安全工作，常抓不懈，防患于未然。增强公众忧患意识，坚持预防与应急相结合，常态与非常态相结合，落实电力突发事件预防措施，开展隐患排查治理，加强风险管控，开展应急培训和演练，做好物资和技术储备工作。

三、统一领导，分工负责

在国家应急救援指挥中心、电力监管机构、地方政府及其应急救援指挥中心等的统一领导下，各电力企业须负责做好本企业应急管理工作，建立健全应急管理规章制度，完善应急预案体系，明确事故预防和应急处置措施。

四、依法规范，突出重点

电力企业须依据有关法律和行政法规，加强应急管理，维护公众的合法权益，使本企业应急管理工作规范化、制度化、法制化。开展电力突发事件应急救援工作时须突出重点，如发生大面积停电事件时，应当将保证电网安全放在第一位，采取必要手段，防止事件扩大化；应当优先保证社会重要基础设施正常运转和重要电力用户用电，避免发生次生、衍生事件；应当保证重要电力设施、设备安全，尽快恢复电力系统正常运行。

五、快速反应，协同应对

电力企业须加强本企业应急救援队伍建设，建立健全与国家（区域）应急救援队伍联动的制度，充分动员社会团体和志愿者队伍的作用，依靠公众力量，形成统一指挥、反应灵敏、功能齐全、协调有序、运转高效的应急救援机制。

六、依靠科技，提高素质

采用先进的监测、预测、预警、预防和应急处置技术及设施，提高应对突发事件预防、应急处置的科技水平，避免或最大限度地减少电力突发事件造成的人员伤亡和危害；加强宣传和培训教育工作，提高公众自救、互救和应对各类突发事件的综合素质。

七、公开透明，正确引导

及时、准确、客观发布权威信息，充分发挥新闻媒体作用，企业发生电力突发事件时，有序组织新闻媒体采访、报道事态发展及处置工作情况，正确引导社会舆论，避免突发事件造成公众恐慌。

第四节 电力企业应急管理基本任务

我国突发事件应急管理实施预防、准备、响应、恢复全过程管理，电力企业应急管理也是如此，在此过程中，电力企业须及时开展风险分析，建立完善监测预警机制，健全应急救援组织体系，做好应急物资储备工作，更新完善应急预案体系，加强应急演练与培训，并做好其他相关的应急管理工作。建立与政府部门、电力监管机构的应急联动机制，以最大限度地减少电力突发事件造成的人身伤亡和财产损失。若发生电力突发事件，须做好现场清理、保险理赔等应急恢复工作。

一、预防

预防工作就是从应急管理的角度在电力企业内部开展危险源辨识、风险评价、危险控制等工作，防止突发事件发生。在电力企业应急管理工作中，预防有两层含义：一是电力突发事件的预防工作，即通过安全管理和安全技术等手段，尽可能地防止电力突发事件的发生，实现本质安全；二是在假定电力突发事件必然发生的前提下，通过预先采取的预防措施，降低突发事件影响。电力突发事件预防工作包括发电厂、变电站选址的安全规划，减少危险物品的储存量等；选用技术先进、可靠性强的电力设备设施，安装由各种检测设备、通信设备、安全保护装置、自动控制装置，以及监控自动化、调度自动化组成的信息与控制系统；开展危险源辨识、风险评价，对不可容许风险和重要目标实施监测监控，开展事故隐患排查治理等工作。

（一）开展风险分析

电力企业须组织开展安全生产风险分析工作，对涉及人身伤亡、电网大面积停电和电厂垮坝等方面的安全风险要进行重点分析评估。采用对照分析法、类比法、系统安全分析法等方法辨识本企业危险源的种类、危险性质、损害能力、数量及其分布情况，开展风险评价，制定完善本企业风险防范措施，提高风险预控能力；逐步开展电力系统脆弱性评估，推进建立电力系统脆弱性评估体系。

（二）建立完善监测监控机制

电力企业在日常生产中，须做好电网运行、自然灾害、电煤供应、水电站大坝运行等重要信息的监测工作，加强与政府有关部门，特别是气象、水利、地质、地震等相关部门的联系，建立信息沟通机制。结合电力企业应急信息管理系统建设，增加电力安全生产监测预警模块，实现对重要电力安全生产信息进行综合汇总、分析和研判，如有异常情况，及时发布预警信息。

二、准备

应急准备是指针对特定的或者潜在的电力突发事件，为迅速、有序地开展应急行动而预先进行的各种准备工作，居安思危，思则有备，有备无患。

电力企业应急准备的主要措施包括：

第一，建立应急救援组织体系，成立应急管理机构和应急救援队伍，落实有关部门和人员的应急职责。

第二，与属地政府部门、电力监管机构、社会应急救援组织等签订应急互助协议，以落实应急处置时的场地、设施装备使用、技术支持、物资设备供应、救援人员等事项，保证电力突发事件应急救援所需的应急能力，为应对电力突发事件做好准备。

第三，储备电力突发事件应急物资和装备，做好应急保障工作，并定期检查、更新，确保应急物资和装备处于可用状态。

第四，组织制定应急预案，并根据情况变化随时对应急预案进行修改和完善。例如，电网企业要针对灾害可能造成的电网大面积停电、电网解列、"孤网运行"等情况，制定和完善电网"黑启动"等应急预案，并按照应急预案内容组织应急演练和人员培训。

第五，建立电力突发事件预警与应急响应制度，明确预警、响应级别及各级别对应的预警、响应行动。

第六，建设应急管理信息系统，建立危险源、事故隐患库，及时了解相关信息，并通过系统督促相关单位、部门或人员做好危险源监控、隐患整改工作。

第七，开展员工安全技术培训，加强电力安全教育，组织应急演练，提高员工安全意识和安全生产技能。

（一）建立健全应急救援组织体系

电力突发事件应急救援组织体系以国务院应急管理办公室、国务院有关部门、国家应急救援指挥中心、国家电力监管委员会以及中央电力企业应急指挥机构为决策指导层，以各级地方政府及其应急指挥中心、电监会各派出机构以及省级电网公司及地方各级电力企业为属地指挥协调层，以国家（区域）应急救援队伍、电力企业应急救援队伍、社会救援力量为救援队伍体系。

电力企业须结合实际，建立完善本企业应急组织机构，明确其职责，形成主要领导全面负责、分管领导具体负责、各部门分工配合的企业内部应急救援组织体系，并建立专职或兼职人员组成的应急救援队伍，或与邻近的专业救援组织签订救援协议。

（二）建立完善应急联动机制

电力企业须建立并完善与地方政府、电力监管机构之间的应急联动机制，实现信息共享，提高监测预警水平，增强快速协同处置能力。电力监管机构须全面掌握辖区内电力企业安全生产和应急工作的基本情况，加强与电力企业之间的联系，协助组织建立政府与电力企业、电力企业与电力企业、电力企业与关联单位之间的应急联动机制，形成统一指挥、相互支持、密切配合、协同应对电力突发事件的合力，协调有序地开展电力突发事件应急救援工作。

（三）储备电力突发事件应急物资与装备

电力企业在进行应急物资的储备过程中，一定要结合企业的实际情况，面对重点开展的生产环节进行各种应急器材、物资、装备的准备。还要建立起完善的应急物资调运制度、维护养护制度，保证用于应急的各种物资、装备都能在关键的时刻发挥作用，及时地得到调运、使用。

各级政府、电力监管机构须加强区域应急物资与装备的储备工作，电力企业在进行应急物资与装备的储备过程中，一定要选择具备相应生产资质的企业生产的商品，通过建立专门的应急物资通道，形成多层次的物资保障体系，确保电力企业在发生各种突发状况的时候，都能够及时应对。尤其是在面对难度较大的复杂电力救援事故中，确保应急物资与装备的及时到位，安全使用。

（四）建立健全应急预案体系

在充分评估本企业应急能力的基础上，遵循科学性、针对性、实效性和可操作性的原则编制应急预案，在制定应急预案的过程中，要结合应急相应的程序要求，结合现场工作人员的具体情况回报，能够在发生危险的第一时间，下达停产撤人的安全保障指令。电力企业设置的综合应急预案、专项应急预案、现场应急预案一定要具有系统的衔接性，并且和政府部门制定的应急预案保持关联。电力企业还要对制定的预案进行严格的审查，保证能够发挥预案的作用。电力监管的部门还要不断地对预案进行指导、督促，明确预案体系的完善。

（五）建立预警、响应制度

明确预警、响应级别及各级别对应的预警、响应行动。发电企业在接到预警的警报之后，要对运行的设备开展强化检查，对发电燃料的物资使用、应急设备的使用进行检查。并且严格地按照电力调度的要求，对调度机组的运行进行检测，确保安全正常地运行。并且能够及时反映问题，对设备发出的警报信号进行上传。电网系统在接收到信号之后，要在第一时间组织人员、物资进入抢险救灾的状态中，并结合应急预案的内容，调运设备物资，保障系统的安全运行，快速解除故障。

（六）建设应急管理信息系统

电力企业须加大应急资金投入力度，充分将调度指挥、监测监控、自动化的信息系统进行整合，建立应急管理信息系统。通过建立应急预案，对各种危险源、应急物资的数据进行分析，真正地发挥出该系统能够分析风险、监控监测、预警预测、信息报告、查询数据、辅助决策、应急指挥、总结评价的多项功能作用，并与地方政府、电力监管机构应急平台互联互通。

（七）加强应急演练与培训

电力企业在日常工作的开展中，一定要加强对电力突发事件的应急演练。要形成演练的制度，对相应演练工作制定标准。同时，结合企业的实际情况，每年、每个季度要组织开展至少一次专项、综合的应急演练，并在演练结束之后，进行评价和总结，对演练中存在的问题，进行及时处理，并对相应的应急预案进行修正，确保应急预案的措施应用高效安全。

电力企业在加强应急演练之余，还要做好对全体员工的应急技能培训工作。重点加强对应急救援队伍中的成员、重要岗位上成员开展全面的培训工作，制订计划，安排时间，通过使用灵活的培训方法，对员工在突发状况中的应急意识、避险能力、自救能力、互救能力进行培训提升，真正地将企业应急预案的内容、应急救援知识深入人心，培训结束后应通过考核等方式评价培训效果。

三、响应

应急响应主要包括：进行报警与通报，启动应急预案，开展抢险工作，实施现场警戒和交通管制，紧急疏散突发事件可能影响区域的人员，提供现场急救与转送医疗，评估突发事件的发展态势，向公众通报事态进展等工作，目标是尽可能地抢救受害人员，保护可能受到威胁的人群，最大限度地减少突发事件造成的影响和损失，维护经济社会稳定和人民生命财产安全。

应急响应可分为初级响应和扩大应急两个阶段。初级响应是指在电力突发事件初期，电力企业对电力突发事件进行情况分析，同时启动应急预案，应用本企业的救援力量，采取应急救援行动，使电力突发事件得到有效控制。如果电力突发事件的规模和性质超出电力企业的应急能力，则应请求增援并扩大应急救援活动的强度，以便最终控制突发事件。

应急响应是整个应急管理中的关键环节，也是对电力监管机构、企业、政府开展的应急处置能力的考验。因此在做好应急响应的过程中，要重点从以下几个问题入手。第一，要保证反应迅速。在发生突发事件的情况下，反应的速度越快，损失就越少。电力生产是保证社会经济正常运行的关键，突发电力事故，能够造成突然的社会经济活动停顿，影响的范围较大。只有在迅速的反应中，才能将危险有效控制，减少事态的扩大，最大限度降低损失。在长期的实践过程中，只有建立统一的应急救援中心，才能更快地提升反应能力。第二，要加强对监管部门、地方政府之间的合作，组织更多的力量参与到电力的应急救援中，共同面对发生的电力安全事故。第三，要为一线开展救援的人员准备充足的物资、设备、防护装备。在紧急情况下，能够确保一线救援人员的安全，同时提高救援的效率。另外，在应急响应中，电力企业须高度重视电力突发事件的信息发布、舆论引导工作，坚持正面宣传，及时、准确发布信息，正确引导舆论。及时、公开、客观地对事故发生的信息进行公布，要发挥出新闻自由的作用，减少社会恐慌，稳定社会情绪。另外，在信息社会中，信息发布的过程中，还需要做好舆论引导，可以通过建立信息发布、媒体宣传、舆情监控的信息发布平台，对真实的信息、正面信息进行放大发布，强化发布，做好舆论引导，建立信息公开的机制，发挥出应急新闻报告的作用，稳定社会大众的心理，确保社会安定。

四、恢复

在电力突发事件得到控制之后，要尽快地进行电力恢复，确保正常的生产、工作、生活少受影响。应急恢复也属于电力突发事件发生之后需要开展的一项重要工作。一般情况下，都是先恢复电力突发事件影响的区域，然后再恢复整体区域，最终实现全部恢复正常。

在进行立即恢复的工作时，要做好影响范围的评估、现场的清理、常态数据的恢复、原因的调查、保险的理赔等多种工作。同时，还要结合具体的应急现场，对制定的应急预案进行完善。在保证短期的恢复供电中，一定不能再出现新的问题，要保证安全。在整个电网的恢复过程中，首先要保证电厂的恢复，通过热能的保持使用，恢复电力机组的供电。在有能力自启动的电厂中，也要结合具体的情况，启动自发电设备。另外，还要协调处理好电网、电厂、用户之间的关系，保证电网的安全恢复，预防出现过电压现象，减少设备损坏、再次停电问题的发生。在长期恢复供电的工作开展中，要对处理突发事故的经验进行总结，并完善预防工作，减少灾后造成的损失。

第八章　电力企业安全文化建设管理

第一节　电力企业安全文化形成过程

在理解企业文化的共性和个性过程中，一定要清楚企业的文化是如何形成的。只有在明确形成过程的基础上，才能更好地确定企业文化的发展。我国电力工业在发展过程中，最主要的是电力企业的管理与发展中应用的模式。在电力工业的发展中始终依靠自己的力量去解决各个发展时期的技术难题，并在发展过程中，不断培育自己的技术与管理中坚力量。许多新建的电厂，都是从管理得比较好的老电厂中抽调生产技术骨干组成安全生产的基本队伍，把原电厂中一些好的管理经验加以总结，提升为新电厂的管理模式。因此，各电厂之间的管理有很多相似的地方。由于电力企业基本是围绕电力这个产品而开展生产经营活动的，生产经营过程又围绕安全与经济，相对其他行业来说，电力企业的生产与经营比较稳定，形成了具有特色的电力企业安全生产价值观、安全行为规范，这些为电力企业的文化形成奠定了基础。尤其是电力企业的安全文化形成。安全文化，是为了适应企业的安全生产而存在的。在形成的过程中，具有从少数到多数，从个性到共性的发展过程。

一、电力企业安全文化的产生建立在生产环境基础之上，反映了企业的安全生产需求

电力企业安全文化理念的产生，是建立在企业安全生产环境基础的上，是企业外部各种物质因素的综合作用。理念的产生，不是简单的思想移植，还需要经过大脑的改造。比如，在安全文化理念中最经常使用的"安全第一、预防为主"，这种理念的产生，是指导电力企业安全文化开展的核心，也是电力企业在生产过程中的主要需求。电力作为一种重要的能源，与人们的生产生活具有重要的关联作用。电力企业的生产中，一旦发生安全事故，将造成严重的损失，不仅会给企业造成经济损失，严重的情况下还将产生社会损失。电力企业生产事故有可能造成大面积停电，有可能会造成电气化铁路中断交通，冶金设备损坏，矿井满水，人民生活不便，交通指挥信号失灵，等等。电力企业安全生产是一个国

家的大事。由此可见，在电力安全文化中，最基础的内容应该是"安全""预防"，同时，这也是电力企业生产的需求。

二、企业安全文化发端于少数人的倡导与示范

文化具有能动性，与客观环境之间存在一定的联系。比如，在客观上，人们的文化需求受到认识水平的影响。同时，文化还经常处于各种矛盾的交汇中，受到传统风俗的影响。因此，在文化的产生过程中，往往是由少数人先发起对传统风俗的挑战，通过客观的文化主张提出，改变原有的文化观念和行为方式，在长时间的历史验证中，形成新的文化理念。

总结多年来发生的恶性误操作事故，基本上都是由于发生了多重违章造成的，为更好地保证电力企业能够安全地开展生产，一定要在全部的员工思想中，建立遵守安全制度的意识，并且能够在实际生产行为中，严格遵守相关的安全制度。

三、电力企业安全文化是坚持宣传、不断实践和规范管理的结果

电力企业安全文化的形成，是在某种原有的观念、行为基础上形成的一种新的观念、行为。这是新旧两种思想观念、行为方式相互冲突的过程。在这个过程中，充满着各种矛盾，各种冲突。

传统的观念、行为习惯在改变的过程中，是痛苦的。而新的观念、新的习惯在建立的过程中，需要反复地强调，不断地重复，才能建立相应的思想意识。比如，在电力企业中，"安全第一、预防为主"的思想是经过长久的宣传才得到普遍接受和认可的安全理念，安全生产的基础作用得到了加强。但是电力系统没有持之以恒地进行按劳分配，以致今天平均主义的思想意识仍然束缚着企业中许多人的头脑。如今，电力企业在安全管理上要实行责权利相匹配的管理性理念，安全生产奖励向一线班组倾斜会遇到一些阻力。因此，我们要开展广泛的宣传，只有对承担重大安全责任的一线班组重奖才能更好地调动人员的积极性，最终实现安全的生产。

电力企业安全文化的形成，一定要经过一个长久发展的过程。在这个过程中，需要不断地完善、定型、深化。任何一种新观念的形成，都需要建立在理论和实践的基础上，而理论和实践的产生，也需要得到时间的检验。安全文化的倡导，可能最初是存在于简单的思想、意识中，可能是某个人的想法、观点，但是经过反复的实践，充分理解之后，经过不断的完善、修改，最终会一步一步更系统、更合理。

电力企业安全文化的形成，是电力企业不断开展规范管理的结果。电力企业安全文化，在合理性、必要性的发展过程中，要不断地进行宣传教育，形成相对应的制度，开展标准化的考核。并且要在企业内部进行强制性的开展，要求全部员工都要改变观念，改变

行为。在企业内部所有员工都建立新的观念、行为规范之后，企业的安全文化也随之形成。因此，电力企业形成的安全文化，一定是电力企业在生产过程中的基本需求反映，同时，也是电力企业经营环境、员工素质培养以及企业管理中的重要内容，由这些内容影响和决定。相似的需要、环境等形成企业安全文化的共性，不同的需要、环境、倡导者，不同的安全生产管理风格、不同的员工素质及管理水平形成企业安全文化的个性。

第二节　电力企业安全文化建设

在当前的电力企业开展安全管理工作中，已经积累了大量的经验，具备了较高的水平。因此，传统的管理方法需要及地进行更新，才能更好地适应新的管理要求。电力企业的安全文化建设非常重要。在建设过程中，需要从安全文化的策划入手。要加强对电力企业安全文化的重要性研究，对电力企业、企业员工的安全行为进行不断的规范。电力企业的安全文化在进行策划的过程中，需要注意的内容有：现在电力企业与电力员工的行为方式怎样，必须进行初始评估，要找出电力企业与电力员工行为规范与电力企业安全生产的要求不协调的原因，就要对现状进行分析。将现有的观念中与文化层面的需求不相适应的内容进行改进，解决新旧理念冲突的矛盾影响，进一步明确企业安全文化的具体内容，进而为后续开展企业安全文化的实施步骤、使用方法做好基础保障。

一、电力企业安全生产观念状态初始评估

电力企业在长期的生产实践过程中，安全生产管理的水平不断提升，开展安全生产的观念、行为也深入人心，其中，有很多在实践中取得良好效果的做法，有力地保障了电力企业的安全生产。但是在之前的管理过程中，并没有从企业安全文化的高度重视这些观念、行为，造成这些观念、行为的应用是零散的，没有发挥出系统的指导作用。但是在开展电力企业安全文化的过程中，不能脱离电力企业长期建立的安全生产管理基础，要对电力企业的安全生产观念进行初始化的评估分析，并且将这些观念作为一种安全文化进行应用。在开展观念评估的过程中，要对其中积极的观念进行弘扬继承，要对不足的观念进行改进和完善，要对不适用的观念及时废除。要使用系统的方法，将建设电力企业安全文化作为一项系统进行开展，真正发挥出电力企业安全文化的规范作用，对电力企业的员工行为产生约束。电力企业的安全文化，主要是为企业的安全生产提供服务的，因此，在建设的过程中，要结合生产的实际进行全面的建设。当前，大多数电力企业开展的安全文化建设工

作，都处于基础阶段，因此，一定要开展必不可少的思想观念评估工作。在评估的过程中，要结合电力企业安全文化的内容，从精神文化、行为文化、物质文化等几方面全面地初始化评估。在具体的评估阶段，一般应该组织的专家组，收集近几年的安全生产情况，该企业制定的各类安全生产规章制度，该企业广大职工对该企业安全生产管理与制度的看法，目前企业的安全生产需要与安全生产环境，对企业与员工的安全生产行为进行评估。企业的安全生产需要与安全生产环境是由企业决策层来回答，安全生产价值观念的适应性应由员工来回答。广大职工对企业安全生产管理与制度的看法可以通过问卷的方式收集。

（一）电力企业安全精神文化评估

对精神文化的评估，主要是在电力企业开展安全生产的过程中，为了企业的生存与发展，企业的体制应得到有效的完善和改进，电力企业与电力企业职工应该树立的安全生产价值观念，这些观念是企业安全生产过程中的重要理念。正是在这些理念的应用中，电力企业才能更好地处理在生产过程中产生的矛盾和纠纷，保障电力企业的安全生产。在开展安全文化初始评估的过程中，对精神文化的评估工作是其中最重要的内容，也是难度最大的一个内容。电力企业安全精神文化，不仅包含安全生产的指导方针，还有管理性的价值理念，决定生产体制的理念等各种内容。

1. "安全第一、预防为主"的安全生产理念状态初始评估

这主要是为电力企业决策者与管理者们提供一个处理和协调安全生产过程中各种矛盾的准则，以及安全工作应当如何做，即以"预防为主"。"安全第一、预防为主"的安全生产方针在国家电网公司及各大发电公司的"安全生产工作规定"都已经明确。现在，电力企业安全生产的决策者与各级管理人员已经高度关注企业的安全生产，能保证安全生产的有效投入。在开展安全性评价的过程中，"预防为主"的理念已经深入人心，对危险进行预测、防控，并且提前建立应急救援机制、安全生产预警机制，这些机制的形成，都是"预防为主"的主要表现。在电力企业的安全生产过程中，"安全第一、预防为主"的观念已经成为企业安全文化中的核心内容。在今后的安全文化建设中，继续坚持像现在一样贯彻执行这个理念就可以了。

2. 电力企业安全生产管理性理念状态初评估

中华人民共和国成立后，电力行业在长期的发展过程中，形成了一套完善的安全生产管理制度。在电力企业开展的安全生产管理过程中，主要是结合各种安全生产管理制度，以落实制度内容为主要形式，以实现目标为主要手段，对企业全体员工制定了严格的安全生产任务，并要求安全生产的目标实现。为此，在开展管理的过程中，经常使用签订责任书的方式，督促人员完成安全生产的目标任务。另外，在一些企业中，还会使用交纳风险

抵押金的方法，通过物质的约束作用，督促人员开展安全生产，完成安全目标。但是在这些方法的使用中，还存在一定的问题。在电力企业的生产实践过程中，还会经常出现一些安全事故。在对这些事故进行分析的过程中，大多数是由于生产人员的责任意识不强，或者是由于在长期以来的计划经济管理模式应用中，形成的权利和责任不明确造成的。任何工作的开展，责任和权利都是相互的，在负有责任但是没有权利的情况下，责任的完成效率普遍较低。此外利益与责任不平衡，责任大的没有得到应得的收益。更有甚者，责任大的部门，往往出事的概率大，受处罚的机会也多，扣除的奖金也多，而收益的基数又相差不大，最后的结果是责任大的部门承担的压力大，做的事多，最后得到的总收益与责任少的部门相差无几，甚至更少。当责任与收益不匹配时，员工就没有承担责任的积极性。所以责任制就得不到真正的落实。

安全生产要实行人本管理，这确实是安全生产的需要，尤其是在电力企业的生产过程中，由于技术的进步，生产中自动化的水平越来越高，对专业的要求也越来越高。在分散的作业现场中，开展安全生产的管理工作，更加需要实行人本管理。但是在实现人本管理过程中，还需要转变观念。比如，在电力企业开展生产管理过程中，如何调动员工的积极性，就需要使用到人本管理。在大多数的企业开展的管理过程中，仅仅是通过奖金的方式、物质的手段进行激励，这些手段的应用在短时间内能够发挥作用，但是却不能满足人长期的多层次需求。在长期的应用中，效果一般。还有的企业在开展管理工作的过程中，不能将员工的发展和企业的发展结合起来，造成两者之间的矛盾发生，不利于调动员工的生产积极性。在电力企业安全生产管理的过程中，开展人本管理还处于初始阶段，目前还没有被广大员工所接受，因此，在电力企业安全文化建设中还要切实加强人本管理理念的宣传与实践。

3. 电力企业安全生产体制性理念状态初评估

电力企业在长期的管理工作开展中，已经形成了规范完整的各种规章制度。这些制度的形成有的已经不能适应当前的生产要求。第一，在进行各种规章制度的设计过程中，有的是在计划经济时代形成的，对员工在保障安全生产过程中做出的努力，与员工的个人发展没有形成直接的关联。电力企业安全生产的好坏与职工的个人利益无关，或关系不密切，没有实现电力企业安全生产与电力企业职工的个人收益共赢。第二，是在进行各种规章制度的设计过程中，对制度使用的全面性、正确性没有重视，造成有的制度在实际的应用中存在一定的缺陷，不能有效地指导保障具体电力企业的安全生产。追求高标准，结果是在现实中无法做到，这个时候怎么办？只有作假一条路。第三，安全生产的日常管理按规章制度办事。但是在发生事故后，或者某件事被上级领导关注后，有关责任人的处理采取开会的方式来决定，而且研究决定时又不以规章制度为依据，其结果往往与规章制度出入很大。结果是遵章守纪成了老百姓的事。第四，当前的电力企业安全管理制度是由多个部门制定的，各个主管的部门之间没有做好必要的沟通，会出现一个生产现场使用两种管理制度的矛盾现象。

（二）电力企业安全行为文化状态初评估

企业行为性安全文化的评估过程中，要注重三个基本的原则，具体为：决策行为要科学，管理行为要制度，作业行为要标准。在科技的不断进步过程中，电力企业开展的安全生产一定要保证决策上的科学化，只有这样才能更好地开展后续的安全生产。电力企业在长久的实践过程中形成的管理制度，在一定程度上保障着电力企业的安全生产，为此，在开展管理行为的过程中，一定要严格地遵循各种制度的要求。另外，电力企业的生产过程专业性很强，职业安全的保障要求很高，因此在现场作业的过程中，一定要严格地按照流程和标准来进行。但是在当前的现场作业行为中，标准化的实施过程中还有一些不足，比如现场的安全生产标准并不适应于全部的安全生产要求；又或者在制定标准的过程中相对简单，具体的操作过程又比较复杂。在这方面，包括已经实现职业安全健康管理体系贯标认证的电力企业也还存在操作文件可操作性不强的现象。主要原因是电力系统的操作文件专业性强，种类繁多，与现场的实际联系紧密，编写与审核难度大。再如，在现场开展安全作业的过程中，受到长期以来的习惯影响，不能对标准化的作业流程进行严格执行，存在较大的随意性。

（三）电力企业安全物质文化状态初始评估

电力企业物质性安全文化通过安全文明生产双达标与创一流等一系列的活动，已经取得了很大的进步，基本具备了反映企业安全生产精神面貌，营造浓厚的安全生产氛围，保障职工身体健康的条件。存在的主要问题是缺少高水平的统一规划，有时候花了钱、出了力，其效果不理想。

二、电力企业安全文化内容的确定

电力企业安全文化的内容确定，一定要适应企业的安全生产需要，要能够真正在企业内部进行落实和应用，并且形成文化环境，只有这样才能真正地体现出文化的建设效果和作用。企业安全文化的内容在进行确定的过程中，首先，要对企业安全文化的内容原则进行明确；其次，才对内容进行明确。

（一）确定电力企业安全文化的基本原则

电力企业安全文化的原则一定要符合生产要求，要体现出领导者的安全管理要求。其中在明确电力企业安全文化原则的过程中，需要体现出以下几点原则：

1. 安全文化必须满足法律法规的要求

每个公民的行为都要受到国家法律法规的约束。电力企业的安全生产行为也必须在法律法规界定的许可范围内。国家对企业安全生产有专门的安全生产法，在有关法律法规中对企业的安全生产做了硬性的规定，并且明确了企业中各级人员的安全责任。因此，电力企业安全文化也必须满足国家标准、行业标准与规程的要求。电力企业倡导的安全文化不得与这些要求相抵触。我们在安全文化理念上就强调责、权、利匹配理念，强调权力与利益是为了保证责任的落实，实际上是贯彻执行安全生产法。

2. 安全文化必须满足企业安全生产的实际需要

企业安全文化的作用，是在解决各种矛盾中使用的原则和准则，是企业开展安全生产管理工作的设计准则，主要是服务企业安全生产的。因此，一定要结合企业的安全生产进行开展，只有这样才能被企业大多数员工所接受。如电力企业安全文化的核心理念——"安全第一、预防为主"的安全生产方针，这是由于电力生产事故不仅会造成电力企业本身的损失，还将影响国民经济与人们的生活，电力生产事故造成的损失有时是无法估算的，甚至是灾难性的。保证电力生产安全是企业的首要任务，提倡安全第一的理念是符合电力生产的实际情况，满足电力安全生产的需要。

3. 企业安全文化要具有本企业的特色

相对稳定的企业，经过长期的安全生产实践的沉积，升华成为企业安全文化。在同类型的电力企业中，员工面对着基本相同的安全生产过程会遇到相同的安全生产问题。因此，会形成一些相同的认识与处事办法，会形成相同的习惯，这样形成的企业安全文化就具有本行业的特色。如电力企业倡导的人本管理与团队精神，这是由于在电力安全生产中，人是安全生产的主体，同时又是安全生产的客体，电力生产产、供、销、用同时完成。生产系统复杂，技术要求高，专业分工细。电力生产中的每个员工都在电力发、输、配的各个生产环节中承担着不同的生产任务，每个生产环节都与安全密切相关。任何一个人的微小差错都有可能导致电力生产安全事故。所以，确保电力安全生产是全员与全过程的，彼此之间要相互配合，相互协作。电力职工只有具备团队精神才能保证电力企业的安全生产。

4. 企业安全文化能调动员工安全生产工作积极性

文化是人们长期实践所积累的物质与精神财富，反过来又是指导和约束人们行为的潜在规则。电力企业安全文化从作用上看是属于规范企业安全生产行为的价值理念。当员工的安全生产价值理念形成后，员工就会用这把尺度量自己在安全生产过程中的行为，并自动调整自己的行为。当企业的安全生产绩效与员工的收益一致时，员工就会关心企业的安全生产，员工就会主动发挥自己的工作积极性去搞好安全生产。电力企业安全文化要能调动电力企业员工的安全生产工作积极性。

（二）企业安全文化确定方法

企业的安全文化，是企业在长期的生产实践中形成的文化，是能够具体应用的文化。因此，企业安全文化的建立，一定是要保障企业安全生产的。在明确企业安全文化的方法使用中，最主要的是通过安全评估，对其中优秀的进行保留，对其中消极的进行改正。几十年的电力行业管理，积累了很多好的管理经验，形成了许多积极的安全生产价值理念，这些都是建立电力企业安全文化的宝贵财富。

（三）电力企业安全文化的具体内涵

电力企业安全文化的具体内涵，要结合企业安全文化的价值作用进行分析。而企业安全文化的价值主要体现在各种矛盾的处理过程中。因此，可以从以下几方面对电力企业安全文化的内涵进行有效的分析。

要将安全第一的生产方针真正落实到位，作为处理和协调生产关系的主要依据。

要建立生产风险和管理利益相互作用的机制，真正地将员工的成长和企业的成长结合起来，实现共赢、双赢的发展效果。

要做到权利和责任相互平衡，确保责任落实。

加强人本管理方法的应用，在生产指挥的管理过程中，实行层次化、差异化的管理制度。

要注重员工素质的不断提升与培养，提高员工的责任意识和敬业意识。

要注意发挥出契约体系的作用，注重制度的落实应用，提倡团队精神和团队意识。

要建立完善的预防制度，在开展生产管理的过程中，建立长效管理体制，做好安全生产风险的评估与应急救援。

要提倡求真务实的工作作风。

要严格落实决策科学化、管理制度化、作业标准化。

通过物质文化的建立，创设安全生产的环境。

第三节　电力企业安全文化实施

建立电力企业安全文化是为了理顺安全生产中的各种关系，调动员工的安全生产工作积极性。这些都是要通过电力企业安全文化的实施才能取得的。电力企业确定了安全文化的内容，只是说做了建立电力企业安全文化的前期工作。评估电力企业安全文化的现状与确定安全文化的内涵，这是由电力企业的少数人来完成的。电力企业建设的安全文化，在宣传推广的过程中，需要建立在企业长期以来形成的文化实践基础之上。企业安全文化的实施，也需要在长时间的实践中完成。因此，在进行电力企业安全文化的推广过程中，要注意以下几点工作的开展：

一、适时提出电力企业安全文化建设

电力企业开展安全文化建设是企业管理的追求。企业安全文化能够被企业的员工接受，需要在一定的氛围和机遇中实现。在不同的氛围中，会产生不同的文化影响效果。在当前的企业管理过程中，还使用传统的管理方法，是会限制企业管理的效果的。企业在市场发展改变的形势中，内部的体制也在不断改变，安全生产过程中，关系的建立也在发生改变，利益的主体之间，需要进行重新的分配。这些关系和利益在重新调整的过程中，都需要建立在价值准则的指导基础上。在这个阶段中，建立安全文化是符合价值理念发展规则的。在这种情况下，也更加容易建立安全文化。目前，电力体制改革在不断深化，许多过去的体制被打破，国家对安全生产又提出了新的要求，并且陆续出台了有关的规定与措施，从企业领导人到员工都面临着观念的更新，这也是建立企业安全文化的最好时机。

二、电力企业安全文化建设与企业体制改革同步提出

在建立安全文化的过程中，要改变传统观念，还要进行利益的再分配。因此，在这个过程中，一定要建立完善的制度，要利用制度的作用，确保文化的有效建设。比如，在企业进行改革的过程中，会大量地进行新的理念宣传，在这个过程中，伴随着新的理念，企业安全文化将随之被广大员工理解和接受。再如，在某企业开展的管理过程中，对一线员工保障安全生产中付出的努力，加大奖励的力度，同时，接受奖励的员工，要对安全生产

负起更大的责任。在主要的生产岗位上，奖励与承担责任是挂钩的。这就使安全生产一线多数人员受到了鼓舞，激发了工作积极性，只要努力工作，尽职尽责，就能获得奖励，取得成就，无形中员工就接受了责权利匹配的价值理念。

三、加大安全文化的宣传力度

电力企业在确定安全文化后，不仅要依靠制度，还要落实制度。在落实制度的过程中，可以使用不同的方式，能够让广大的员工在潜移默化中完成对文化和理念的接受和应用。比如，企业可以通过召开安全文化研讨会的方式、会议讨论的形式，对安全文化的内涵和作用进行深入的交流和传播，还可以发动广大的干部职工进行讨论，并采纳他们关于安全文化建设的合理化建议，让大家参与安全文化建设。电力企业还可以利用企业的报纸、杂志、局域网络等多种形式进行宣传报道，营造电力企业建设安全文化的氛围。只有在全体员工都参与的基础上，才能更好地推行新的理念，才能达到企业安全文化的建设目标。

四、严格要求，贯彻始终

首先，要从电力企业开展安全生产的目标、体制、生产等不同的环节中，对企业的安全文化进行宣传，不能将文化的建设架在空中，要落实到具体的工作中。比如，要对安全生产的责任制度进行严格的落实，就要把安全目标分解成指标层层落实，并严格考核，在一定时期内工作无起色、完成不了指标的人要严格兑现惩罚，同时，在收益待遇方面又确实体现差别。对电力企业安全文化而言，必须严格遵守，毫不含糊。建立严格的考核制度，保证企业安全文化得到有效的贯彻执行。如我们在安全文化体制理念中倡导制度至上，那么就制定违章就下岗的考核制度，当员工违反了企业的安全生产管理规章制度时，就要受到相应的处罚。

五、领导带头，身体力行

电力企业的安全文化，要从领导的带头执行开始。只有在领导者的亲自带头下，才能更好地展现出安全文化的价值作用。在安全生产价值观念的形成过程中，领导人要从改变自己观念开始，并且在长期的坚持中应用这些观念。只有这样，才能引起广大的干部职工的重视，并且有意识地进行模仿和学习，发挥出领导的文化倡导作用。

电力企业安全文化的建设，需要全体电力企业的领导能够在思想上、行动上保持一致。只有企业的领导集团建立共同的认识，并且大力支持安全文化的建设工作，才能确保企业安全文化的建设工作顺利开展。同时，在领导的重视作用中，文化建设过程中的物质、精神保障能够确保。因此，电力企业的安全文化建设工作，需要全员参与、全方位保障，并在长期的实践坚持中完成。

第四节　电力企业安全文化完善

电力企业安全文化的建设完成之后，要不断地开展完善工作。企业安全文化的认识需要一个过程，并且呈现出循环上升的状态。在企业文化被人们认识之后，会对企业的安全文化提出新的要求，在满足新的文化要求中，又需要不断地进行文化的推广和宣传。由此可见，在企业安全生产文化指导企业安全生产的过程中，要结合具体的生产实践，进行价值理念的不断调整。企业的安全生产过程中，生产的环境是不断发生改变的，为更好地适应新的环境，需要开展更高层次的安全生产实践，需要对之前建立的价值观念和行为准则进行必要的调整。企业文化要保持先进性，需要对现有的不足进行不断的改善。在完善企业安全文化的过程中，一定要积极主动，要发挥出先进性的作用。在完善电力企业安全文化的过程中，需要保障以下几点工作：

一、电力企业安全文化评估

电力企业安全文化的改进，要从寻找企业文化不足中入手。安全文化作为深层的意识形态，在寻找不足的过程中，可以通过评估的方法，对安全生产的活动、生产的绩效进行必要的评估；对生产制度的落实情况进行评估；对安全文化的落实情况进行评估；对员工的理念、行为进行评估；等等。安全文化评估不同于安全检查，也不能代替安全检查。安全文化评估与安全检查的对象不同，电力企业开展的安全检查工作，主要体现在对设备的检查、对生产场所的检查、对安全管理的检查等方面。安全文化的评估过程，主要是针对安全生产的机构，安全生产管理的制度是不是和安全文化的要求相一致，还有安全文化是不是能够有效地得到落实等工作的有效评估。在开展评估的过程中，需要开展调查，并且需要亲自感受企业文化环境。一般情况下，评估工作需要由领导和专家共同开展，并且还要使用专业的评估方法、评估内容，形成可靠的评估结论，提出有效的改进方案。评估方法的使用，主要有定期和针对两种。

（一）电力企业安全文化定期评估

定期评估的方法使用，是企业在发布安全文化之后，在固定的一段时间中完成对文化的评估。具体的时间间隔，企业可以根据自己的实际情况灵活设置。大多数情况下，企业会选择 1—年的时间间隔。定期评估工作的开展，会对企业开展的安全文化整体情况进行评估，对企业安全文化的理念落实、贯彻执行、企业适应性等方面进行全面的评估。在当前电力企业开展安全文化建设的初级阶段，企业对安全文化的评估工作开展得很少，但是为更好地保证文化的先进性，必须让电力企业安全文化建设实行企业管理学所推荐的PDCA 循环。

1. 电力企业安全文化定期评估方式

在具体的评估过程中，主要看文化氛围，看员工的积极性提升的"一看"手段；召开座谈会，问卷调查的方式进行"两问"；查文化落实情况，查行为文化准则满足情况，查安全物质文化的表现情况等"三查"手段。

2. 电力企业安全文化定期评估内容

（1）电力企业安全文化核心理念

安全文化核心理念，是安全生产方针进行评估的主要内容。主要是结合安全生产的工作计划、投入比例、领导重视程度、文化地位的评估内容开展，对企业进行安全文化核心理念的有效评估。比如，对重要的核心理念、预防体系的评估中，主要看"安全第一、预防为主"的贯彻落实情况。

（2）电力企业安全生产管理性理念评估

在管理理念评估的过程中，主要是对开展的安全生产管理满足情况进行调查，要对企业能不能满足安全生产的要求，并且将安全文化的理念真正地落实到员工的行为中获得的成效进行评估。

（3）电力企业安全生产体制性理念评估

生产体制的理念评估，主要是对企业形成的安全生产制度能不能适应企业的发展要求，能不能调动员工的积极性进行的评估。

（4）企业行为性安全文化评估

行为性安全文化的评估，主要是对企业做出的各种决策行为、开展的各种管理行为、开展的作业行为是否符合安全文化的要求进行的评估，主要体现在企业制定的决策是否科学，企业开展的管理行为是否遵守各种制度的约定，开展的各种生产是否严格按照标准。

（5）电力企业安全物质文化评估

物质文化的评估，主要是对开展安全生产的环境、氛围进行评价，看是否通过安全文化的应用，真正地为企业的生产建立良好的环境。

（6）电力企业安全文化绩效评估

绩效评估工作的开展中，主要是对开展的安全文化能否调动员工的积极性，能否真正地激励员工建立安全责任的意识，并有效地实现安全生产，降低事故发生的比率，提高企业的安全效益，真正发挥出文化绩效的价值作用进行评估。

3. 电力企业安全文化定期评估程序

（1）成立电力企业安全文化评估小组

企业在开展安全文化的评估工作中，建立的评估小组，一般是由富有经验的管理人员、专家学者组成。在开展具体的评估工作中，需要承担以下职责：要按照企业规定的时间对企业的安全文化开展情况进行全面的评估，并且要对上次评估之后发现的问题、整改的效果进行重点检查，同时，将此次评估过程中发现的问题、提出的意见形成书面的资料，以评估报告的方式向委托开展评估的企业进行提交。

（2）制订电力企业安全文化评估方案

在开展评估工作之前，还要制订完善的评估方案。在该方案中，需要对评估的内容进行明确，对评估的人员工作进行分工，对时间进行安排，对评估的对象进行明确，等等。通过对该方案的执行，顺利地开展评估工作。

（3）电力企业安全文化评估

在具体实施评估工作的过程中，要对评估工作的必要性进行重视，要明确在安全文化的建设中，一定要开展评估工作。要求企业的领导和一线工人，都能够正确认识评估工作的价值和意义。在评估的过程中，要真正地发挥出小组的作用，对存在的问题进行深入分析，对取得的经验进行大力赞扬，并结合企业的具体情况，制订切实可行的改进方案。

（4）提交电力企业安全文化评估报告

文化评估报告的书写也是开展评估工作的重要内容之一。在该报告的书写过程中，一定要体现出客观性和公正性，要能够真实地将电力企业的实际问题摆到桌面上，切实发挥出报告的参考作用，为企业领导制定科学的决策提供依据。

（二）电力企业安全文化针对性评估

在电力企业中，开展安全文化的针对性评估，主要是电力企业在发生安全生产的事故之后，针对事故开展的评估工作。在开展这种形式的评估工作中，一定要结合安全生产事故发生的具体现象，分析原因，对文化在其中产生的不足进行反思，及时进行完善和修正。电力企业开展的有针对性的文化评估工作，需要结合事故的表象，深挖其中原因，能够为电力企业之后开展的安全文化制度制定提供更真实的依据。同时，也能够发挥出文化的评估作用，为后期开展安全生产的管理调整做好基础。这种评估方法的使用，应用性有限，评估的过程、时间很短，投入的成本不高。

二、电力企业安全文化改进

电力企业开展的安全文化评估工作主要是为了更好地进行文化改进。针对评估中发现的各种不足，通过评估小组的整改意见，制订相对应的改进方案。只有对电力企业安全文化进行全面应用，才能更好地调动员工的积极性，为保障安全生产提供思想基础。因此，及时地改进企业安全文化、完善企业安全文化，是非常必要的工作，也是非常重要的工作，更是保证文化先进性的基础。文化的形成需要建立在长期的实践基础上，文化随着实践的改变而改变，因此，电力企业开展的安全文化也需要不断地进行改进和完善。只有这样，才能更好地适应企业的生产需求，满足企业的生产要求。在具体的安全文化改进过程中，一定要对评估小组给出的整改建议高度重视，全面落实，确保有效改进，及时改进。

电力企业安全文化的建设，是为更好地服务企业生产开展的。作为一项系统的复杂工程，需要企业内全体成员的共同参与，共同执行，共同努力。在长期的实践应用过程中，更需要不断地进行改善和优化，更好地适应企业生产的发展要求，真正地满足企业的进步要求。通过使用安全文化的作用，指导电力企业开展安全生产，是在社会发展的过程中，电力企业管理的必然趋势，也是将管理从之前的刚性化向柔性化转变的一个过程。只有通过文化的作用，去教育人、引导人、改造人，才能真正地实现管理成本的降低。因此，在电力企业的安全生产管理工作中，一定要重视安全文化的建设。

参考文献

[1] 钟瑾.电力企业税务工作指南[M].北京：中国电力出版社，2019.

[2] 许立.电力企业会计监管与财务管控[M].延吉：延边大学出版社，2019.

[3] 陈挺.电力企业税收管理理论与实践[M].北京：中国电力出版社，2019.

[4] 裴明军.电力大数据技术及其应用研究[M].徐州：中国矿业大学出版社，2019.

[5] 薛丽红，李晓宁.现代企业管理[M].北京：北京理工大学出版社，2019.

[6] 李雪.现代企业管理创新与实践探究[M].长春：吉林人民出版社，2019.

[7] 李益兵，郭钧，郭晨，等.现代制造企业质量管理方法与实践[M].武汉：武汉理工大学出版社，2019.

[8] 易新.现代企业管理与分析方法[M].郑州：黄河水利出版社，2019.

[9] 侯君邦，秦敏.现代企业管理[M].北京：中国人民大学出版社，2019.

[10] 彭艳，马娅，吴成雨，等.现代企业管理[M].南昌：江西高校出版社，2019.

[11] 李军，孙咏梅，刘晓燕，等.电力企业档案管理指南[M].北京：中国水利水电出版社，2018.

[12] 闫婧.现代企业融资理论实务及风险管理[M].北京：中国商务出版社，2018.

[13] 王喆.新经济环境下现代企业战略管理研究[M].北京：中国商业出版社，2018.

[14] 刘珂，陈要立，李卓杰，等.现代企业管理[M].北京：经济科学出版社，2018.

[15] 卜宪德，李炳林.电力企业 IMS 交换网设计与应用[M].北京：中国电力出版社，2018.

[16] 陈刚.现代企业管理方法创新[M].北京：现代出版社，2018.

[17] 高红艳.现代企业管理制度与文化研究[M].长春：吉林教育出版社，2018.

[18] 桂建廷，张庶，王博，等.现代电力企业管理技术研究[M].长春：吉林大学出版社，2018.

[19] 朱海嘉.中国近代电力企业经营管理研究[M].北京：社会科学文献出版社，2018.

[20] 李德民，窦智强，王占伟，等.创新视角的电力企业运营与管理[M].新疆生产建设兵团出版社，2018.

[21] 仇明，张宏文，梁洪军，等.电力企业封闭母线保护技术[M].北京：经济管理出版社，2018.

[22] 杨鲲鹏.电力企业管理模式创新优秀成果选编[M].武汉：华中科技大学出版社，2018.

[23] 谢若承 . 电力 ERP 系统运维管理 [M]. 杭州：浙江大学出版社，2018.

[24] 贾旭东 . 现代企业战略管理思想、方法与实务 [M]. 北京：清华大学出版社，2018.

[25] 王治，郭文生 . 电力企业创新管理案例研究 [M]. 武汉：华中科技大学出版社，2017.

[26] 何纪翔 . 现代企业管理与理论研究 [M]. 北京：中国原子能出版社，2017.

[27] 蒋海波，阚波，王彦，等 . 现代企业安全管理 [M]. 成都：电子科技大学出版社，2017.

[28] 舒印彪 . 电力企业资产全寿命周期管理体系建设与评价 [M]. 北京：中国电力出版社，2017.

[29] 李启明 . 现代企业管理 [M].5 版 . 北京：高等教育出版社，2017.

[30] 查美焜，李伟 . 现代企业管理实务 [M]. 成都：西南财经大学出版社，2017.

[31] 张刚民，阳相栋 . 现代企业管理 [M]. 北京：北京出版社，2017.

[32] 倪慧君 . 电力企业员工综合素质培养课程体系模型 [M]. 北京：中国电力出版社，2017.

[33] 刘泓汐，程娇，马丹，等 . 人力资源与企业管理研究 [M]. 长春：吉林人民出版社，2017.